Dores & Amores

Dores & Amores

Roteiro de Patrícia Müller, Dagomir Marquezi
e Ricardo Pinto e Silva

imprensaoficial

São Paulo, 2010

**GOVERNO DO ESTADO
DE SÃO PAULO**

Governador   Alberto Goldman

imprensaoficial   **Imprensa Oficial do Estado de São Paulo**

Diretor-presidente   Hubert Alquéres

Coleção Aplauso

Coordenador Geral   Rubens Ewald Filho

No Passado Está a História do Futuro

A Imprensa Oficial muito tem contribuído com a sociedade no papel que lhe cabe: a democratização de conhecimento por meio da leitura.

A Coleção Aplauso, lançada em 2004, é um exemplo bem-sucedido desse intento. Os temas nela abordados, como biografias de atores, diretores e dramaturgos, são garantia de que um fragmento da memória cultural do país será preservado. Por meio de conversas informais com jornalistas, a história dos artistas é transcrita em primeira pessoa, o que confere grande fluidez ao texto, conquistando mais e mais leitores.

Assim, muitas dessas figuras que tiveram importância fundamental para as artes cênicas brasileiras têm sido resgatadas do esquecimento. Mesmo o nome daqueles que já partiram são frequentemente evocados pela voz de seus companheiros de palco ou de seus biógrafos. Ou seja, nessas histórias que se cruzam, verdadeiros mitos são redescobertos e imortalizados.

E não só o público tem reconhecido a importância e a qualidade da Aplauso. Em 2008, a Coleção foi laureada com o mais importante prêmio da área editorial do Brasil: o Jabuti. Concedido pela Câmara Brasileira do Livro (CBL), a edição especial sobre Raul Cortez ganhou na categoria biografia.

Mas o que começou modestamente tomou vulto e novos temas passaram a integrar a Coleção ao longo desses anos. Hoje, a Aplauso inclui inúmeros outros temas correlatos como a história das pioneiras TVs brasileiras, companhias de dança, roteiros de filmes, peças de teatro e uma parte dedicada à música, com biografias de compositores, cantores, maestros, etc.

Para o final deste ano de 2010, está previsto o lançamento de 80 títulos, que se juntarão aos 220 já lançados até aqui. Destes, a maioria foi disponibilizada em acervo digital que pode ser acessado pela internet gratuitamente. Sem dúvida, essa ação constitui grande passo para difusão da nossa cultura entre estudantes, pesquisadores e leitores simplesmente interessados nas histórias.

Com tudo isso, a Coleção Aplauso passa a fazer parte ela própria de uma história na qual personagens ficcionais se misturam à daqueles que os criaram, e que por sua vez compõe algumas páginas de outra muito maior: a história do Brasil.

Boa leitura.

Alberto Goldman
Governador do Estado de São Paulo

Coleção Aplauso

O que lembro, tenho.
Guimarães Rosa

A *Coleção Aplauso*, concebida pela Imprensa Oficial, visa resgatar a memória da cultura nacional, biografando atores, atrizes e diretores que compõem a cena brasileira nas áreas de cinema, teatro e televisão. Foram selecionados escritores com largo currículo em jornalismo cultural para esse trabalho em que a história cênica e audiovisual brasileiras vem sendo reconstituída de maneira singular. Em entrevistas e encontros sucessivos estreita-se o contato entre biógrafos e biografados. Arquivos de documentos e imagens são pesquisados, e o universo que se reconstitui a partir do cotidiano e do fazer dessas personalidades permite reconstruir sua trajetória.

A decisão sobre o depoimento de cada um na primeira pessoa mantém o aspecto de tradição oral dos relatos, tornando o texto coloquial, como seo biografado falasse diretamente ao leitor.

Um aspecto importante da *Coleção* é que os resultados obtidos ultrapassam simples registros biográficos, revelando ao leitor facetas que também caracterizam o artista e seu ofício. Biógrafo e biografado se colocaram em reflexões que se estenderam sobre a formação intelectual e ideológica do artista, contextualizada na história brasileira.

São inúmeros os artistas a apontar o importante papel que tiveram os livros e a leitura em sua vida, deixando transparecer a firmeza do pensamento crítico ou denunciando preconceitos seculares que atrasaram e continuam atrasando nosso país. Muitos mostraram a importância para a sua formação terem atuado tanto no teatro quanto no cinema e na televisão, adquirindo, linguagens diferenciadas – analisando-as com suas particularidades.

Muitos títulos exploram o universo íntimo e psicológico do artista, revelando as circunstâncias que o conduziram à arte, como se abrigasse em si mesmo desde sempre, a complexidade dos personagens.

São livros que, além de atrair o grande público, interessarão igualmente aos estudiosos das artes cênicas, pois na *Coleção Aplauso* foi discutido o processo de criação que concerne ao teatro, ao cinema e à televisão. Foram abordadas a construção dos personagens, a análise, a história, a importância e a atualidade de alguns deles. Também foram examinados o relacionamento dos artistas com seus pares e diretores, os processos e as possibilidades de correção de erros no exercício do teatro e do cinema, a diferença entre esses veículos e a expressão de suas linguagens.

Se algum fator específico conduziu ao sucesso da *Coleção Aplauso* – e merece ser destacado –, é o interesse do leitor brasileiro em conhecer o percurso cultural de seu país.

À Imprensa Oficial e sua equipe coube reunir um bom time de jornalistas, organizar com eficácia a pesquisa documental e iconográfica e contar com a disposição e o empenho dos artistas, diretores, dramaturgos e roteiristas. Com a *Coleção* em curso, configurada e com identidade consolidada, constatamos que os sortilégios que envolvem palco, cenas, coxias, sets de filmagem, textos, imagens e palavras conjugados, e todos esses seres especiais – que neste universo transitam, transmutam e vivem – também nos tomaram e sensibilizaram.

É esse material cultural e de reflexão que pode ser agora compartilhado com os leitores de todo o Brasil.

Hubert Alquéres
Diretor-presidente
Imprensa Oficial do Estado de São Paulo

Reformando Meia Casa

Acho que nunca mais terei uma relação tão complexa com um roteiro quanto eu tive com *Dores e Amores*.

O começo da saga pode ser localizado em 2004, quando eu comecei a adaptar um romance de Regina Rheda para o diretor Ricardo Pinto e Silva. A adaptação não aconteceu. Minha parceria com o Ricardo poderia ter acabado aí.

Acontece que no fim daquele ano eu ganhei o primeiro prêmio de texto dramatúrgico no concurso nacional da Funarte (teatro adulto/Sudeste) com *Intervalo*. É uma peça passada no universo de personagens de uma novela barata chamada *Vidas Sem Rumo*. O Ricardo se interessou imediatamente em levar *Intervalo* para o palco. Mas a peça ficou *na geladeira* até agosto de 2007, quando realizamos uma bem-sucedida leitura pública no auditório do MASP, dentro do projeto *Letras em Cena*.

Nesse tempo, o diretor/corroteirista/produtor – vamos abreviar – RPS já estava completamente envolvido com seu longa-metragem *Dores & Amores*. E ele teve a grande sacada de fazer com que os dois personagens principais de *Dores & Amores* fossem espectadores fanáticos de uma telenovela chamada... *Vidas Sem Rumo*. RPS então filmou trechos da minha peça e os encaixou na narrativa do filme, usando os personagens de *Intervalo* como contraponto aos personagens de *Dores & Amores*.

Em março de 2008, RPS me convidou a revisar o roteiro do filme. Àquela altura, o romance da gaúcha Cláudia Tajes tinha sido adaptado pela portuguesa Patrícia Müller e reescrito por Ricardo Pinto e Silva, que acrescentou trechos da minha peça (eu já estava, portanto, no roteiro antes mesmo de dar a primeira lida). Metade do filme já estava rodado. Não poderia ser refeito. O roteiro chegou ao meu computador com as indicações das cenas que eu poderia reescrever e das cenas que já estavam prontas. Era como reformar metade de uma casa. A parte reformada teria de combinar perfeitamente com a parte já pronta. Um belo desafio.

De cara, gostei do tom *pop* do filme. Gostei das vinhetas visuais, gostei das referências culturais. Gostei do recurso das falas em *OFF*, usadas à vontade no filme inteiro. Ao assisir os trechos gravados, fiquei impressionado com os cenários cariocas, completamente diferentes dos clichês visuais tão explorados do Rio de Janeiro. Era um filme sem culpa, sem elucubrações sociológicas, sem demagogia, bonito do início ao fim.

Mas era então um roteiro visivelmente desarticulado. Não tinha um final muito definido. Me incomodava especialmente o coprotagonista Jonas, que fazia tudo errado, da primeira à última cena. Era um sujeito tão perdedor que merecia pelo menos a chance de um monólogo final de redenção para que seu sacrifício moral não fosse em vão.

A essa altura eu ainda não tinha lido o romance de Cláudia Tajes, mas sabia que o roteiro seguia a estrutura original do livro: a história do casal Júlia e Jonas contada de forma paralela alternadamente por ela e por ele. Ao entregar o roteiro em minhas mãos, RPS decidiu sabiamente (do meu ponto de vista) transferir o foco de *Dores & Amores* para a personagem de Júlia (interpretada por Kiara Sasso). Ela seria a protagonista e narradora. E Jonas, um de seus homens.

Reescrevi o que deu do roteiro na parte ainda não filmada. Em outubro de 2008 aconteceu uma segunda sessão de filmagens no Rio de Janeiro. Tive então meu único e rapidíssimo encontro com o elenco e a equipe técnica antes de ser muito bem instalado num hotel para a última redação no *script*. Os atores filmaram então a *minha* parte do roteiro (em parceria com o Ricardo, mas já sem a Patrícia Müller).

A partir daí nada mais poderia ser filmado. Abriu-se então uma terceira fase de redação – dessa vez só com falas *OFF* ditas por Júlia. Era, dessa vez, a última chance mesmo de corrigir incoerências, definir melhor personagens e preencher pequenos furos de narrativas. Foram inúmeras sessões de revisões de falas *OFF* e também de cartelas gráficas encaixadas em momentos estratégicos da edição.

No início de agosto de 2009 voltei ao Rio para uma sintonia de ajustes finais com o RPS e a editora Célia Freitas. Foram dias difíceis, abatido por uma dessas terríveis gripes mutantes. Tive ainda algumas sessões de microajustes com o Ricardo em São Paulo e coloquei um ponto final na minha participação exatamente no dia 23 de setembro de 2009.

Foi só nesse último dia que o Ricardo me deu de presente o livro de Cláudia Tajes que deu origem ao filme *Dores, Amores & Assemelhados*. Foi uma inversão total da ordem das coisas. Eu tinha passado um ano e meio envolvido pela história de um livro que eu só li quando terminei a minha parte no trabalho. Até então eu só o conhecia através da cabeça dos outros dois coautores.

Foi a primeira vez que eu li um romance sem imaginar como ele poderia virar um roteiro.

Como num desses filmes malucos escritos por Charlie Kaufman, eu já tinha passado pela dura tarefa de coadaptar o romance para cinema sem conhecê-lo. Agora eu poderia finalmente ler o livro relaxado, sem pressão.

Dagomir Marquezi

SP, 10/junho/2010

Adaptando o Livro

Por alguma razão do destino, que se revela quase sempre irônico e lógico ao mesmo tempo, a minha vida cruzou-se com a da Cláudia Tajes, a autora do livro que deu origem a este filme, por causa do mesmo livro.

Nessa altura, eu colaborava com a editora Palavra, do editor e meu grande amigo, Gonçalo Bulhosa. Foi ele que me propôs adaptar o livro para português de Portugal. Não que as mudanças fossem muito grandes, mas em termos de construção sintáctica e vocabulário era necessário fazerem-se ajustes. E eu fiz. Depois conheci a Cláudia, que é um *doce de pessoa*. E isto dito em português do Brasil, mas que é entendível por todos.

Por essa altura, quando eu estava no Brasil a escrever a série *Segredo*, uma coprodução luso-brasileira, produzida pelo Leonel Vieira, conheci o Ricardo Pinto e Silva, também envolvido no mesmo projeto. Foi ele quem me falou no *Dores e Amores*, ao que eu respondi que conhecia e que, inclusivamente, tinha trabalhado nesse livro. Mais uma razão misteriosa do destino que quis que o Ricardo tivesse a ideia de adaptar o livro para guião. Como ele disse: *Escrever um roteiro do Dores*.

E assim começou a adaptação do livro. Demorou alguns meses, foi escrito por mim aqui em Portugal, depois enviado para o Brasil, para o Ricardo. O tempo passou e, para minha grande surpresa, quem manifestou interesse neste guião foi uma produtora portuguesa, que o levou a concurso no Icam. Ganhamos o subsídio e assim começou uma longa aventura que agora termina com o filme já pronto.

A versão que aqui está não é a minha versão. É já um trabalho do Ricardo e de um outro guionista, Dagomir Marquezi, que fizeram a versão final. De qualquer maneira, pela minha parte, quero apenas dizer que a tarefa da adaptação foi facilitada pela forma desempoeirada e divertida com que esta história é contada.

Jonas e Júlia são dois trintões urbanos, com vícios, hábitos e costumes que todos podemos identificar. As situações que vivem são imaginadas com enorme criatividade e mestria. A Cláudia é uma excelente escritora. O resto, a minha parte, foi apenas tentar ser fiel ao espírito do livro. Se este espírito pudesse ser traduzido numa imagem apenas, seria um enorme sorriso irônico sobre a raça humana. Com laivos de ternura, de humanidade e uma enorme capacidade de não se levar a sério. E aí repousa a maior vitória desta história.

Patrícia Müller

Lisboa, julho/2010.

Meu próximo filme

Sou um leitor compulsivo de autores brasileiros com uma segunda intenção a cada página virada: será que este livro dá para ser adaptado para cinema? Esta é a pergunta que me faço quando estou debruçado sobre um texto, uma resenha, uma orelha, um prefácio, enfim, às vezes até sobre a impressão que a capa de um novo lançamento me evoca.

Ao terminar o meu filme *Querido Estranho*, em agosto de 2002, iniciei a busca de um novo projeto para o que seria o *meu próximo filme*.

As circunstâncias de mercado só nos fizeram lançar o *Querido Estranho* em julho de 2004 e, no segundo semestre daquele ano, eu iniciava em Porto Alegre um trabalho como responsável pelo planejamento da produção de uma série luso-brasileira para televisão, *O Segredo*, criada e produzida pelo cineasta português Leonel Vieira, em parceria com a CCFBr, empresa do produtor brasileiro Bob Costa. Conheci então a roteirista Patrícia Müller, que viera de Lisboa para se juntar aos roteiristas brasileiros. Ficamos hospedados no mesmo hotel, no centro da capital gaúcha.

Eu havia comprado, numa livraria de um shopping center próximo, todos os livros da escritora local Cláudia Tajes, que, segundo a vendedora em resposta à minha pergunta, era uma das escritoras mais lidas de Porto Alegre. Eu me deliciei com *Quase Dez Amores*, *As Pernas de Úrsula e Outras Possibilidades*, *Vida Dura* e, especialmente, *Dores, Amores & Assemelhados*.

Sim, ali estavam o tema e tom da história que eu buscava: uma comédia romântica leve e envolvente onde um simpático casal de protagonistas se questionava sobre a busca do amor e o medo de ficar sozinho. O livro continha ainda diversas subtramas e inúmeros outros personagens, observações irônicas e mordazes sobre o cotidiano, encontros e desencontros amorosos, os dois lados do amor, sob duas óticas, a feminina e a masculina. A história de Júlia e Jonas havia me fisgado. A autora Cláudia Tajes se revelava a mim como uma sensível observadora do jovem contemporâneo e excelente cronista das relações afetivas.

Em poucos dias já tinha ligado e me apresentado a Cláudia Tajes, conversado com eventuais parceiros gaúchos, vislumbrado oportunidades para fazer o filme no Sul, começado a conversar com os produtores sobre a viabilidade de iniciar uma nova produção em parceria com Portugal, enfim, nascia um novo projeto. A Cláudia foi a primeira a confiar em mim e fez uma opção de cessão de direitos autorais. A Patrícia Müller foi a segunda a se engajar no projeto, comprometendo-se a roteirizar a primeira versão da adaptação do livro.

Com este primeiro passo nos inscrevemos em nossos primeiros editais de fomento em busca dos recursos para filmar aquela história: o concurso de desenvolvimento de projetos da Prefeitura de Porto Alegre, que perderíamos, e o Edital do Protocolo de Coprodução Luso-Brasileira de 2005, que venceríamos.

A este se seguiram os Editais do Programa Petrobras Cultural, em 2005/2006, o Programa de Fomento ao Cinema Paulista nos anos de 2007 e 2009, e o Programa de Ação Cultural da Secretaria de Estado de Cultura de São Paulo, em 2008. Com os recursos dos três primeiros editais filmamos *Dores & Amores* (rebatizado assim após o lançamento do livro da Cláudia em Portugal, com novo título, em adaptação da mesma Patrícia). Com as verbas dos demais concursos finalizamos o mesmo.

Foram alguns anos de entusiasmo, euforia, depressão, dificuldades, ajustes de rota, descaminhos, reorientação e novas conquistas. A produção teve duas etapas de filmagens, elenco brasileiro e português, diretor de fotografia,

mixador de som, e produtores de Lisboa. A finalização se estendeu entre as cidades de São Paulo, Rio de Janeiro e Lisboa.

Após receber a primeira versão do roteiro da Patrícia me dediquei à busca dos recursos enquanto refazia uma nova versão, incorporando à narrativa a ideia da novela dentro do filme. Seria uma oportunidade de experimentar uma linguagem de hipertextualidade, misturando matrizes literárias e dramatúrgicas às linguagens cinematográficas e televisivas.

Esta novela dentro do filme é outra adaptação: a de trechos da comédia teatral *Intervalo*, do Dagomir Marquezi. Criávamos, assim, um segundo nível de narrativa ficcional, metalinguístico, algo que quis experimentar no projeto.

A trajetória dos personagens do filme *Dores & Amores* em busca da felicidade e seus temores diante da possibilidade de ficarem sozinhos, confusos e não realizados amorosamente, os aproximava de uma nova subcategoria de personagens, a dos integrantes da telenovela *Vidas Sem Rumo*. Os personagens do filme seguem e comovem-se com as histórias vividas pelos personagens da telenovela. Se influenciam e tomam novos rumos a partir de suas emoções diante daqueles personagens.

O humor decorrente destas duas matrizes, literária e teatral, adaptadas para as linguagens cinematográfica e televisiva, motivará, acredito, a nossa plateia a rir e se identificar também com as formas de representação das angústias românticas desta geração de aficionados por vidas alheias, contumazes espectadores de *reality shows* e solitários frequentadores de redes sociais na web.

Narrativamente a palavra naturalista do cinema, emprestada da sua matriz literária, dá lugar ao subjetivismo da narração (o filme é contado sob a memória da personagem principal, Júlia, vivida pela atriz Kiara Sasso) e à exacerbação teatral, quando de sua adaptação à novela dentro do filme.

A minha opção para contar a história, originalmente passada em Porto Alegre, foi ambientá-la no Rio de Janeiro. Acreditei ser ali o cenário mais internacional para uma história de amor que irá ao encontro do público brasileiro e português, já que o filme, em decorrência do acordo de coprodução luso-brasileiro, terá dupla nacionalidade. *Dores & Amores* vai usufruir dos benefícios da legislação de cada um dos dois países coprodutores.

E com esta escolha comecei a determinar outras questões práticas e artísticas: queria mostrar o Rio além dos tradicionais cartões-postais, fazer um recorte em sua paisagem e encontrar a influência cultural portuguesa na ex-capital federal. As ideias continuavam a surgir: procurar as locações nos bairros cariocas onde houvesse um legado arquitetônico português, fossem casas coloniais ou construções da época imperial, em contraste com o Rio de Janeiro modernista e turístico.

A casa de Júlia é uma moderna construção localizada no bairro de Santa Teresa, o epicentro de todas as ações e bairro mais mostrado no filme. A locação escolhida é a casa de Santa Teresa, conhecida desde 1876 como Chácara do Céu e herdada por Castro Maya em 1936. A construção atual, projetada em 1954 pelo arquiteto Wladimir Alves de Souza, destaca-se pela modernidade das soluções arquitetônicas e por sua localização, que integra os jardins e permite magnífica vista de 360 graus sobre a cidade e a Baía da Guanabara.

Jonas (Márcio Kieling) e Nelson (Jorge Corrula) são vizinhos no conhecido conjunto residencial tombado pelo patrimônio histórico, as Casas Casadas, em Laranjeiras. Seus apartamentos são *lofts* construídos dentro da própria estrutura da locação. As Casas Casadas eram originalmente um belo conjunto de seis unidades residenciais autônomas em arquitetura neoclássica. Foram construídas em 1883 pela família Leal e tombadas em 1994 pela Prefeitura do Rio, por se tratar de um exemplar único de residência multifamiliar do século 19.

A mãe de Júlia (Silvia Salgado) vive em centenário casarão colonial português, localizado na Rua Aprazível, em Santa Teresa, ostentando uma vista deslumbrante sobre toda a Baía de Guanabara: do Pão de Açúcar até a Central do Brasil. Conhecido como Solar Real, trata-se de uma mansão de 1.400m^2 em estilo colonial com 25.000m^2 de jardins e florestas. Foi construída nos idos de 1840 e guarda lembranças de um tempo em que os materiais usados nas construções ainda atravessavam o oceano. Encontros em bares no centro antigo do Rio, calçadas indefinidas e mesmo na praia do Arpoador e Ipanema, auxiliam a construir a imagem de paraíso jovem e romântico de nossa história.

Uma das saídas noturnas de Júlia dá-se justamente no Arco do Telles, construção do tempo do Brasil colônia, em plena Praça XV, a qual se caracteriza por becos e ruazinhas com construções históricas bastante charmosas que foram revitalizadas e transformadas numa série de restaurantes, barzinhos, galerias de arte, livrarias, sebos, etc., transformando-se num dos locais preferidos do *happy hour* pós-trabalho.

A telenovela dentro do filme é ambientada em dois cenários básicos: o opressor escritório do personagem Leonardo (Raul Veiga) e a residência *Kitsch* da romântica Mariana (Tatih Köhler).

Nosso objetivo foi situar o Rio de Janeiro como ponto de atração turística internacional objetivando a empatia do público internacional e brasileiro desta coprodução que será lançada simultaneamente no Brasil, Portugal e Espanha.

A parceria com o diretor de fotografia Luís Branquinho, com quem já tinham feito duas produções brasileiras anteriores (*O Preço da Paz* e *Viva Voz*, ambas dirigidas pelo amigo comum Paulo Morelli), nos levou a conceituar texturas, cores, olhares.

Ao Luís passei os primeiros conceitos de visualização da história, discutidos meses antes ainda com a Patrícia Müller, através de troca de e-mails e conversas no Skype e MSN.

Após a primeira vinda de Luís ao Rio, decidimos que o filme se utilizaria de registros em Full HD (Alta Definição) e DVCam (Vídeo Digital Standart) e sua posterior transferência para película cinematográfica para construir a imagem da dicotomia Cinema-espetáculo, Televisão e Internet, cotidiano. Foi nossa primeira experiência com a cinematografia digital.

Os diferentes e conflitantes pontos de vista teriam como ferramenta narrativa o uso de alguns recursos cênicos: a ótica masculina com cores frias e a feminina empregaria cores quentes; a subjetividade da narradora teria uma nuance visual: o que fosse idealização adotaria a textura de vídeo. Cenas mais realistas seriam captadas em aspecto de cinema.

Mas foi somente às vésperas de filmar, ao escalar o elenco, buscar as locações, conceituar a arte e o figurino e diante da necessidade de reorçar os custos da etapa de filmagem, é que percebi

que teríamos de reduzir ainda mais o tamanho do roteiro. Aliás, sempre o soube, mas sempre adiava o momento de reescrever. Como a realidade da preparação trazia questões novas a cada dia, passei a refazer o texto. E como o tempo era muito curto, chamei o Dagomir Marquezi para me auxiliar na versão final.

Nunca mais paramos de retrabalhar o texto, para o incômodo dos atores, da montadora, dos editores de som. Modificamos o texto a cada etapa da produção. Ajustamos arestas e detalhes, a narração. E a realização nos trouxe sempre novas ideias, sempre incorporadas ao texto mutante.

Eu diria que a modificação mais radical em relação ao original literário era a mais óbvia, mas foi aquela que mais demorei a realizar. A decisão de respeitar as tradições da narrativa cinematográfica de trama clássica, com a personagem protagonista única, em oposição à proposta do texto literário, que contava a história em duas narrativas similares sob duas óticas e narrativas complementares e dois protagonistas.

Júlia acabou tomando conta da nossa história e o ponto de vista escolhido para falar de nossas dores e amores foi o feminino. E restará aos homens perceber, agora, nas telas, o que elas pensam de nós.

Para o nosso projeto, nossa adaptação manteve a coloquialidade e as situações do romance, aprofundando alguns personagens e conflitos. Decidimos baralhar a ordem das cenas e dos fatos, deixando a narrativa tal qual um mosaico que peça a peça o espectador junta para acabar participando da construção de seu todo. Da comédia teatral nos apropriamos dos egos projetados das suas personagens sobre as personagens do romance, cujas ações demonstram o que eles fazem e pensam. Atos inconsequentes, perdas e ganhos na corrida amorosa. Dores e frustrações. Sexo e prazer.

Achamos que a modernidade das situações é mostrar uma juventude e mesmo alguns personagens perto da meia-idade que não querem envelhecer, que não encerraram a sua adolescência. Homens e mulheres solitários que não conseguem compreender o que buscam e o que acham do amor. Enfim, quem sabe o filme nos ajude a inventar jeitos de amar menos desafortunados e mais interessantes.

Ricardo Pinto e Silva

SP, 16/junho/2010

Dores & Amores

Por Patrícia Müller & Dagomir Marquezi/Ricardo Pinto e Silva.

A partir de *Dores, Amores & Assemelhados*, romance de Claudia Tajes e *Intervalo*, comédia teatral de Dagomir Marquezi.

ABERTURA E VINHETA
FADE IN
Entram os créditos dos patrocinadores, distribuidora e produtora. Após a palavra apresenta, entram a vinheta e a abertura visual da novela. Entra tema instrumental da novela *Vidas Sem Rumo* junto com a voz OFF do LOCUTOR .

> LOCUTOR (V.O.)
> Estamos apresentando *Vidas Sem Rumo*. Um oferecimento de Itaipava, a cerveja sem comparação. E refrigeradores FreezePlus. O seu jeito de refrescar.

INT. DIA – SALA DE MARIANA
Estão em cena a heroína MARIANA e sua irmã má, ROBERTA. Mariana vestida discretamente. Roberta quer ser mais sexy, mas a diferença de estilo entre as duas ainda não é tão evidente.

ROBERTA

Eu ouvi bem, Mariana? Você está me dizendo que Bob e Natasha marcaram casamento com um mês de namoro?!

MARIANA

Pois é, Roberta. Leonardo é amigo de Bob e vai tentar dar uns conselhos a ele.

ROBERTA

Um mês... Você não acha isto suspeito, Mariana? Será que Bob vai ser papai?

MARIANA

Ahh, não sei, Roberta. Eu acredito em amor à primeira vista. Foi por amor à primeira vista que eu me apaixonei por Leonardo.

LETREIRO: JÚLIA

Animação com a foto de Júlia e a inscrição: Júlia, ainda solteira, não perde um capítulo de *Vidas Sem Rumo*.

2.

INT. NOITE – CASA DE JÚLIA/SUÍTE

JÚLIA está vendo a novela e olha para a câmera, se apresentando.

JÚLIA

Oi, eu sou a Júlia. Tenho quase 30 anos e uma história de amor, às vezes mais triste, às vezes mais engraçada do que esta que eu assisto todas as noites. Meu último encontro com um *Homo Sapiens* foi na idade da Pedra. Mas eu estava prestes a sair com o amor da minha vida.

LETREIRO: JONAS
Animação com a foto de Jonas e a inscrição: Jonas, mais de 30, ainda não sabe o que quer.

INT. NOITE – CASA DE JONAS – QUARTO
A cena acima segue na TV ligada no quarto de JONAS. Jonas se prepara para um encontro; está a trocar uma calça que não serve; penteia-se; passa perfume. Cheira e não sabe se está bem, borrifa novamente. Olha-se no espelho e sente algo, talvez apenas falta de confiança, ou um simples resfriado. Olha para uma enorme foto de mulher na sua parede, frente à cama. O retrato tem uma dedicatória de sua ex-mulher, SANDRA. Resigna-se.

JÚLIA (V.O.)
Meu alvo chamava-se Jonas. Era um dos meus melhores amigos e finalmente tinha me convidado para um encontro cheio de segundas intenções. Mas eu sabia que Jonas estava apavorado. Na cabeça dele sair com a melhor amiga era casamento

na certa. Aquela saída podia ser a sua despedida de solteiro.

LETREIRO: DORES & AMORES
Animação com a Logomarca DORES & AMORES. O quadro abre múltiplas janelas com cenas da novela *Vidas Sem Rumo* e inicia-se a apresentação dos créditos principais do filme DORES & AMORES, como se fossem os créditos da novela.

3.
INT. DIA – ESCRITÓRIO DE LEONARDO
Nesse momento a porta se abre e entra BOB, amigo e colega de LEONARDO.

BOB
Cheguei em hora errada?

LEONARDO
Oi, Bob. Que prazer. Estava aqui terminando o relatório que prometi ao doutor Teixeira e me lembrei que tenho que levar Mariana para jantar.

BOB
É, meu chapa, quer ser certinho demais, é nisso que dá! Não agrada ninguém!

INT. DIA – SALA DE MARIANA
Roberta comenta com Mariana.

ROBERTA
Mas não se esqueça maninha...o casamento de Bob está saindo em um mês, o seu está sendo adiado há quatro anos.

INT. DIA – ESCRITÓRIO DE LEONARDO
Leonardo comenta com Bob.

LEONARDO
Eu sou assim, Bob... eu quero ser honesto com tudo o que faço. E você agora é que vai ter que entrar na linha, né, Bob?. Vai se casar. Um homem casado tem que mudar, senão o casamento não dura.

INT. DIA – SALA DE MARIANA
Mariana continua.

MARIANA
O que prova que meu amor por Leonardo é sólido e responsável.

4.
INT. DIA – ESCRITÓRIO DE LEONARDO

BOB
Eu sei, Leonardo. Eu sei que vou ter que deixar minhas farras, minhas mulheres, minhas namoradas... mas, olha, eu tenho que te confessar uma coisa. Eu estou me casando com Natasha porque a mulher que eu quero de verdade... não me quer.

LEONARDO
É mesmo?

INT. DIA – SALA DE MARIANA

ROBERTA
Ou prova de que seu querido noivinho Leonardo está com sérias dúvidas sobre o futuro deste casamento.

MARIANA
Será?

INT. DIA – ESCRITÓRIO DE LEONARDO

> **LEONARDO**
> E quem é essa mulher que você quer *de verdade?* Eu conheço a felizarda?

> **BOB**
> Claro que conhece, é a sua cunhada, Roberta.

> **LEONARDO**
> Roberta?

INT. DIA – SALA DE MARIANA

> **MARIANA**
> Ahhh, não seja invejosa minha irmã. Tente aceitar sua vida e não queira destruir a dos outros.

INT. DIA – ESCRITÓRIO DE LEONARDO

> **LEONARDO**
> Mas você nunca me disse nada Bob.

(CONTINUA...)
...CONTINUANDO:
5.

> **BOB**
> Eu não quis que isto interferisse em nossa amizade.

> LEONARDO
> Meu Deus.

INT. DIA – SALA DE MARIANA

> MARIANA
> Ahh, se Leonardo aparecer, diz que eu mandei um beijo.

> ROBERTA
> Pode deixar, maninha... Eu digo a ele sim..

Sorridente, Mariana sai. Roberta faz cara de má.

> ROBERTA
> Mas não vai ser este exatamente o recado que passarei ao seu querido noivinho, Mariana...

A sequência de créditos de apresentação de DORES & AMORES se encerra.

INT. NOITE – CASA DE JÚLIA/SUÍTE
Júlia olha para a câmera e conta.

> JÚLIA (V.O.)
> Eu tinha depositado todas as minhas esperanças naquele encontro para sair da *Era Glacial*. E eu iria com um gosto amargo na boca. Literalmente.

LETREIRO: A ERA GLACIAL
Animação.

INT. DIA – CONSULTÓRIO DO DENTISTA – ANTESSALA

Júlia na antessala do dentista. De lado a lado, dois HOMENS BONITOS com seus filhos (um MENINO e uma MENINA) feiosos, com aparelhos ortodônticos. Eles leem revistas médicas com capas femininas e sequer olham para ela.
A AUXILIAR DO DENTISTA, loira e jovem, abre a porta, sorrindo para Júlia e fazendo um gesto para que ela entre. Os homens da sala olham para ela, concupiscentes.

(CONTINUA...)
...CONTINUANDO:
6.

> AUXILIAR DO DENTISTA
> Senhorita Júlia. É a sua vez.

Júlia percebe que seu celular toca, ainda na sala de espera do dentista.Júlia sorri e faz a ela um sinal de quem vai já. Ela atende.

> JÚLIA (V.O.)
> Apesar de todo medo, a iniciativa partiu do Jonas. E eu tinha que topar aquele encontro.

O quadro se divide e o diálogo com Jonas segue. Surge uma animação na tela: *12 de agosto, 10 horas, enfim, um convite.*

JÚLIA
Alô? Não, Jonas, tenho não.

JÚLIA (V.O.)
...Minha paciência com os homens já era puro fingimento.

JÚLIA
Ah, eu acho ótimo, não vou comer nada desde agora só para me preparar.

JÚLIA (V.O.)
Mas desistir ali, seria o fim. O caminho mais curto para a solteirice eterna.

Júlia entra na sala do DENTISTA.

INT. DIA – CONSULTÓRIO DO DENTISTA
Júlia afunda-se na cadeira do DENTISTA e ao guardar seu celular na bolsa, discretamente puxa um terço e um santinho (Santo Antônio) e começa a rezar.

JÚLIA (V.O.)
Jonas era o primeiro homem há muito tempo a provocar alguma reação nos meus hormônios. Dessa vez eu decidi que

eu não ia inventar uma desculpa para me trancar em casa. Minha vida precisava urgentemente de uma novidade.

(CONTINUA...)
...CONTINUANDO:
7.
Detalhes dos seus olhos assustados: ela vê as mãos do dentista acendendo a luz, as luvas cirúrgicas, o preparo da anestesia.

                JÚLIA (V.O.)
Mas foi só quando me sentei naquela cadeira é que pensei o pior: o que restaria

do meu *sex appeal* depois de uma anestesia e uma extração do dente do siso?

O alicate se aproxima da boca de Júlia que reage com apreensão.

EXT. NOITE – VISTA DA CIDADE/ INT. NOITE – RESTAURANTE
A vista noturna da cidade do Rio de Janeiro. Entra uma animaçao com a imagem de Júlia à espera, no restaurante.

JÚLIA (V.O.)
Eu passei o meu melhor perfume e fui para o encontro. Mas o *amor da minha vida* não apareceu.

Um relógio digital animado indica as horas passando.

JÚLIA (V.O.)
Nem ligou para se desculpar. Acabei a nossa *primeira noite* sozinha. E quando o efeito da anestesia passou, eu me perguntei: como eu tinha conhecido aquele cretino mesmo?

LETREIRO: QUASE UM ROMANCE
Animação.

INT.EXT. DIA – CASA MÃE DE JÚLIA/ JARDIM
Festa de casamento. Júlia sozinha na festa. Fotos animadas mostram os amores sérios de Júlia e suas curiosidades científicas.

JÚLIA (V.O.)
Eu tinha vivido três namoros sérios e alguns casos inconsequentes até o casamento...casamento do meu irmão Gu.

(CONTINUA...)
...CONTINUANDO:
8.

Uma animação identifica os noivos, GUS e DORA.

JÚLIA (V.O.)
...O casamento do meu irmão caçula com a Dora foi ótimo... Ótimo para confirmar para a família e pros amigos que eu estava completamente encalhada.

Júlia à parte do grupo. Outra animação apresenta o seu PAI e uma jovem e loira, presumível NAMORADA, dançando. Todo mundo já animado: os noivos, Gus e Dora dançam, assim como os demais CONVIDADOS.
Um efeito de mira de uma arma e a inscrição *minha próxima vítima* se sobrepõem à imagem de Jonas, que passa pela mesa dos doces e apanha alguns, guardando-os no bolso.

Jonas olha Júlia de longe. Jonas vai meio tímido em direção de Júlia, desiste no meio do caminho, quando a MÃE dela se aproxima, chamando-a.

JÚLIA (V.O.)
Jonas foi atração à primeira vista. Eu reconheço que andava meio míope para os homens. Mas senti que com o Jonas podia rolar.

Jonas vai até o bar e apanha dois cálices de champanhe.

JONAS
Dois champanhes.

Jonas se aproxima de Júlia... à beira da piscina.

JONAS
Oi...

JÚLIA
Oi!...

JÚLIA (V.O.)
E naquela primeira vez a iniciativa também foi dele.

JONAS
Eu sou Jonas. E você é?

JÚLIA
Júlia. (pausa) Você é amigo da noiva?

(CONTINUA...)
...CONTINUANDO:
9.

JONAS
Não. Eu sou amigo do Nelson Moreno...

Congela expressão de Júlia: entram letreiros com INSERTS de NELSON e Júlia, em seu trabalho, na L´Agence Rio. A legenda indica: *Nelson Moreno, 30 anos, galinha*.

JÚLIA (V.O.)
Pensei em contar que o Nelson Moreno
fazia *free lance* onde eu trabalhava. Mas
resolvi plantar verde...

Volta a imagem de Júlia e Jonas na festa.

JÚLIA
Nelson Moreno? O crítico de cinema?...

JONAS
Este mesmo. Nós somos vizinhos. Ele tinha
o convite, não pôde vir e me deu a dica...

JÚLIA
Dica?

JONAS
Do casamento... O Nelson diz que casamentos e filmes são os melhores momentos para se arrumar mulher... então ele me dá estas dicas...

Congela no tim-tim dos dois. Entra animação com as imagens de Nelson e Jonas e as inscrições adjetivas.

JÚLIA (V.O.)
Logo imaginei um *babaca* na cara do Jonas e um *malandro* na cara do Nelson.

Surgem os letreiros animados com a apresentação de *Jonas, o penetra*; *BEL, a doceira portuguesa* e uma seta indica o bolo e os *docinhos da Bel*.

JÚLIA (V.O.)
O pilantra infiltrou o vizinho bonitinho no casamento do Gu e uma doceira portuguesa na cozinha. Era algum tipo sinistro de complô. Mas naquele momento eu (MAIS...)

(CONTINUA...)
...CONTINUANDO:
10.

JÚLIA (...CONT.)
só estava preocupada com a minha solteirice crônica.

Volta para o final do brinde.

JONAS
Você também é penetra?

JÚLIA
Não, sou a irmã do Gu.

JONAS
Gu?

JÚLIA
O noivo!

Júlia aponta Gus, que dança ao fundo. Nova
animação apresenta a fila de EX-NAMORADOS
de Júlia.

JÚLIA (V.O.)
Eu não informei praquele cidadão que
eu tinha ficado para tia e que eu não
tinha mais esperança nos homens. Eles
me decepcionavam um atrás do outro,
em fila.

Jonas arrisca-se.

JONAS
Se você me permite uma ousadia...

JÚLIA
Permito.

JONAS
Eu acho que as mulheres passam muito tempo reclamando dos homens e pouco tempo sendo interessantes para eles... Quer dizer, para *nós*! Homens...

JÚLIA (Meio decepcionada)
Um pouco machista, mas faz sentido.

JÚLIA (V.O.)
Anotei a dica e pensei: Tá legal, Jonas, vou ficar interessante para você.

(CONTINUA...)
...CONTINUANDO:
11.

Duas GAROTINHAS de 9 anos, uma mais gordinha e outra mais magrinha, puxam o vestido de Júlia e apontam para a fila das mulheres se retirando para outro canto do jardim.

MENINA
Júlia, a Clarice e a Cida tão chamando, vem!

> JÚLIA
> Dá licença.

Júlia parte com as meninas.

> JÚLIA (V.O.)
> Então fiz uma retirada estratégica.

Jonas fica sozinho.

EXT. DIA – CASA MÃE DE JÚLIA/LATERAL
Júlia, sua mãe, CLARICE, CIDA e outras disputam quem vai pegar o buquê da noiva. Dora Um se vira de costas e o joga. O buquê voa. Júlia parece que vai pegar, mas o buquê cai nas mãos de sua colega Cida, que festeja.

> JÚLIA (V.O.)
> Não pegar aquele buquê foi a prova definitiva do meu inegável fracasso.

Gus beija Cida. Depois beija Dora Um.

> CIDA (CANTAROLANDO)
> Eu vou casar, eu vou casar.. (aponta para Júlia) Vai ficar pra tia...!

Todos se divertem. Júlia não acha graça.

EXT. DIA – CASA MÃE DE JÚLIA/SAÍDA GARAGEM
Os noivos correm para o carro, sob a chuva de arroz e muita gritaria de todos.

JÚLIA (V.O.)
A única coisa que conquistei naquele casamento foram milhões de calorias em forma de docinhos portugueses.

(CONTINUA...)
...CONTINUANDO:
12.

Júlia e sua mãe, entre os convidados, acenam para o carro, que parte.

PASSAGEM DE TEMPO
INT.EXT. NOITE – CASA MÃE DE JÚLIA/COBER-TURA NO JARDIM
Cida dança sozinha no palco, carregando o buquê. Júlia olha para os convidados remanescentes ao lado de sua mãe.

JÚLIA (V.O.)
A sensação de ninho vazio caiu arrasa-doramente sobre nós duas, mamãe e eu. Sem o Gu, viramos duas solitárias.

Jonas olha embevecido para Júlia. Ao fundo dançam ainda as amigas de Júlia – Cida, Clarice, seu DIRETOR da L´Agence.

JÚLIA (V.O.)
O Jonas nunca me disse como tinha con-seguido o meu telefone. Talvez esse de-

talhe fizesse parte do tal plano diabólico do Nelson.

As garotinhas chegam onde está Júlia e sua mãe.

MENINA
Júlia.

JÚLIA
Oi.

MENINA
Me empresta o celular?

JÚLIA
Celular.

Júlia lhes entrega o seu celular.

MENINAS
Obrigada.

Elas saem correndo.

Jonas sozinho na sua mesa. As meninas chegam e lhe entregam o celular de Júlia. Ele copia o número em um guardanapo. Uma delas lhe cobra com o olhar. Jonas paga com docinhos pelo serviço. A gordinha gosta, mas a magrinha pede dinheiro. Jonas paga a ela.

(CONTINUA...)
...CONTINUANDO:
13.

> JÚLIA (V.O.)
> Não existe nada melhor para uma mulher com centímetros a menos e quilos a mais do que ter a sua caixa postal sempre cheia. E Jonas começou a figurar como o mais assíduo contato da minha lista. Bem, confesso que era o único. Resumindo, mas de alguma maneira o Jonas conseguiu o meu número. E me ligou.

INT. DIA. CASA JONAS
Jonas fala ao telefone, conferindo seu progresso, enquanto se veste.

> JONAS
> Júlia? Você não vai acreditar! Sabe aquela calça quarenta e dois? Aquela que não entrava mais?

INT. DIA – L´AGENCE – ESCRITÓRIO JÚLIA
Júlia responde a Jonas ao celular enquanto o trabalho dos BOOKERS e CLIENTES segue na L´Agence. Nelson a chama.

> JÚLIA (Meio desinteressada)
> Aquela do pesponto amarelo?

>   JONAS (OFF)
>   Essa mesma, Júlia.

Júlia olha e faz sinal que está tudo bem.

INT. DIA. CASA JONAS
Jonas confirma a calça que já serve.

>   JONAS
>   Ela serviu. Tá um pouco justa, mas tá
>   bacana.

>   JÚLIA (OFF)
>   Ahh,que maravilha, Jonas...

14.
INT. DIA – L´AGENCE – ESCRITÓRIO JÚLIA
Júlia segue em sua estação de trabalho.

>JÚLIA
>Valeu a pena fechar a boca, né?

Júlia sorri aos clientes.

INT. DIA. CASA JONAS
Jonas deita na cama, relaxado.

>JONAS
>Aquela dieta da banana que você me passou funcionou, Júlia. Perdi uns 3 quilos só com potássio.

> JÚLIA (V.O.)
> Foram centenas de telefonemas, milhares de confidências.

INT. DIA – L'AGENCE – ESCRITÓRIO JÚLIA
Júlia sorri. Todos na L'Agence envolvidos no seu trabalho.

> JÚLIA (V.O.)
> Falamos de autoestima, solidão, e mil outros assuntos.

INT. NOITE – QUARTO DE JONAS
Pelo ponto de vista da webcam do PC de Júlia, Jonas lhe apresenta sua casa.

> JONAS
> Deixa eu te mostrar a zona que é a minha casa, Júlia... aqui tem uma exposição permanente de cuecas.

> JÚLIA (OFF)
> E aquela no retrato, quem é?

> JONAS
> Ah, aquela ali é minha namorada Sandra.

> JÚLIA (OFF)
> Sandra?!

(CONTINUA...)
...CONTINUANDO: 15.

                    JONAS
   A gente está junto há quatro anos, foi paixão fulminante.

A imagem congela sobre o retrato de Sandra.

LETREIRO: SANDRA
Entra animação com a apresentação de *SANDRA, trinta e muitos, minha rival*.

> JÚLIA (V.O.)
> E assim descobri que ele namorava uma famosa atriz portuguesa e até o amor de Jonas por outra eu acabei achando lindo.

INT. NOITE – CASA SANDRA
Sandra digita na internet e surge a animação de uma caravela indicando a distância entre *Sandra, a Titular* em Portugal e *Júlia, a Reserva*, no Brasil.

> JÚLIA (V.O.)
> Mesmo a quase 8 mil quilômetros de distância, a tal Sandra era a titular.

INT. NOITE – QUARTO DE JONAS
Pelo ponto de vista da webcam do PC de Júlia, Jonas sorri.

> JÚLIA (V.O.)
> ... E eu, a amiguinha.

> JONAS
> É.

> JÚLIA (V.O.)
> Mas logo a namorada de Jonas também mostrou ser uma moderna romântica cibernética.

INT. DIA – CASA JONAS
Jonas choraminga ao telefone.

(CONTINUA...)
...CONTINUANDO:
16.

JONAS
Você não vai acreditar Júlia... Sandra me deixou!

EXT. DIA – CASA DE JÚLIA – LATERAL/JARDIM
Júlia caminha.

JONAS (OFF)
Ela me trocou por um angolano que conheceu pela internet. Se ainda fosse um...

INT. DIA – CASA JONAS
Jonas passeia pela casa, chorando ao telefone.

JONAS
... sul-africano, um queniano, podia até ser um guerrilheiro Júlia, agora me diz. Você transaria com um angolano, Júlia?

JÚLIA (OFF)
Pois é, Jonas...

EXT. DIA – CASA DE JÚLIA – LATERAL/JARDIM
Júlia tenta ser solidária às reclamações de Jonas sobre Sandra.

                    JÚLIA
... a mulher que você quer de verdade
não te quer.

                  JONAS (OFF)
Isso não é justo...

INT. DIA – CASA JONAS
Jonas chorando ao telefone, come mais uma
banana.

                  JÚLIA (V.O.)
Será que com a beldade fora do páreo
eu teria alguma chance que o amiguinho
virasse o meu homem?

17.
LETREIRO: OS HOMENS NEM SEMPRE PREFEREM
AS LOIRAS
Animação.

EXT. DIA – CASA DE JÚLIA – JARDINS
Júlia e DORA DOIS estão fazendo algum exercício
de ioga, com a bola de Pilates. As duas transpi-
ram muito e estão obviamente cansadas.

                  JÚLIA (V.O.)
Se a vida de Jonas era um grande dra-
malhão mexicano, mal dublado para o

português, a minha era uma tempestade de lágrimas.

Júlia é surpreendida pela chegada de sua mãe, que chora.

MÃE DE JÚLIA
Júlia, Júlia... seu irmão, Júlia, seu irmão!

Júlia interrompe o exercício, surpresa com a chegada de sua mãe ali.

JÚLIA (V.O.)
Logo uma outra novela entraria pela minha porta.

MÃE DE JÚLIA
O Gus arrumou uma amante. A Dora pegou os dois com a boca na botija....

Dora Dois fica estupefata.

DORA DOIS
Eu?

MÃE DE JÚLIA
Não. A Dora, mulher dele, cunhada da Júlia...

Júlia se surpreende e olha para Dora Dois. Entra animação apresentando Dora Dois.

LETREIRO: A OUTRA DORA, A MORENA
Animação sobe a foto de Dora Dois.

                JÚLIA (V.O.)
        Ah, esqueci de apresentar esta

(MAIS...)
(CONTINUA...)
...CONTINUANDO:
18.

                JÚLIA (... CONT.)
      Dora! A personal trainer da família.

EXT. DIA – CASA DE JÚLIA – JARDINS
Júlia olha sua mãe... que segue com a queixa.

> MÃE DE JÚLIA
> Se Gustavo não tivesse aquela maldita carga genética...

> JÚLIA
> Mamãe...

A mãe de Júlia se aproxima e pega-lhe as mãos.

> MÃE DE JÚLIA
> A gente só pode contar com a família, filha. (começa a chorar também) ...nem que seja a ruína que é a nossa, minha filha.

> JÚLIA
> Ahh, mamãe, você conhece o Gu... deve ser ciúme, coisa de casal.

> MÃE DE JÚLIA
> Minha filha, liga para ele, liga. Você sabe, ele sempre ouviu você. Liga.

Júlia fica contrariada.

> JÚLIA
> Ah, mamãe, estou esperando uma ligação importante, tá.

MÃE DE JÚLIA
Telefonema importante é ligação de homem, não é mesmo?

JÚLIA (OFF)
Como é que ela adivinhava tudo?

MÃE DE JÚLIA
Você gosta de sofrer, né, Júlia? Quer sofrer de novo. Eu achei que pudéssemos contar com você, mas, pelo jeito. (fala para Dora 2) Desculpe.

19.

Sua mãe adianta o passo. Júlia a observa saindo. Pede desculpas a Dora Dois. Julia suspira.

INSERTS: SEQUÊNCIAS DE FOTOS
Várias fotos do casal Gus e Dora Dois, a nova amante do irmão da Júlia.

JÚLIA (V.O.)

As novelas da minha família são dramáticas e meio difíceis de acompanhar. E mesmo que eu não queira...

INT. DIA – CASA MÃE DE JÚLIA – SALÃO DE ENTRADA

> JÚLIA (V.O.)
> ...sempre sou uma das coadjuvantes.

EXT. DIA – CASA MÃE DE JÚLIA VARANDA
Júlia e Gus vão para a varanda.

> JÚLIA (V.O.)
> Resolvi esclarecer os detalhes da trama com um de seus personagens principais. Meu irmão Gu.

Júlia devolve a foto de Dora Dois a Gus.

> GUS
> Mas dessa vez não tem problema. Elas têm o mesmo nome. Dora e Dora...

Gus tem uma enorme tatuagem de coração no peito, destacando o nome DORA. Numa espiral há outros nomes: Sabrina, Fran, Docinho.

LETREIRO: DORA UM, DORA DOIS
Animação com as imagens de Dora Um e Dora Dois.

JÚLIA (OFF)

Vamos facilitar: Dora Um, Dora Dois.

20.
EXT. DIA – CASA MÃE DE JÚLIA VARANDA
Júlia olha a tatuagem do irmão e tenta disfarçar.

                    JÚLIA
　　O problema Gu é que você tá virando um catálogo telefônico.

Gus sorri, sendo prático.

                    GUS
　　É que deveria ser para sempre, não é, mana?

Gus olha constrangido para a irmã.

                    JÚLIA (OFF)
　　Mas tinha que ser com a Dora? Como isso foi acontecer?

EXT. DIA – CASA MÃE DE JÚLIA – FACHADA
Flash back na imaginação de Júlia.
Gus de roupa de jogging sai de casa.

> GUS (V.O.)
> Um dia, a minha Dora me ligou para avisar que ia se atrasar.

Gus recebe Dora Dois, que desembarca do táxi com sua bola de Pilates.

> GUS
> Ei, Dora! Deixa que te ajudo?... Bom a,...a Dora falou que vai se atrasar, quer dizer, na verdade ela nem sabe se vai vir. Aceita um aluno substituto?

Dora Dois fica dois segundos na dúvida

EXT. DIA – CALÇADA DO MIRANTE DO RATO MOLHADO
Em OUTRO TRECHO DA RUA, Gus e Dora Dois caminham conversando.

> GUS (V.O.)
> Dora dois...

21.
EXT. DIA – CASA MÃE DE JÚLIA VARANDA
Gus conta detalhes para Júlia.

                    GUS
        ... me ajudava demais no alongamento.

EXT. DIA – MIRANTE DO RATO MOLHADO
Dora Dois e Gus estão meio constrangidos e
profissionais. Começam uma sessão de alongamento. Tudo cinematográfico e meio falso.

                  GUS (V.O.)
        Aí... fomos para um lugar mais reservado.
        Dora Dois me esticou, me puxou. E de
        alongamento em alongamento...

EXT. DIA – CASA MÃE DE JÚLIA – VARANDA
LATERAL
Gus continua.

                    GUS
        ... eu não podia mais viver sem a Dora Dois.

                  JÚLIA
        E como a Dora Um descobriu?

INT. DIA – CASA DA MÃE DE JÚLIA – SAUNA
Dora Dois e Gus (na imaginação de Júlia) fazem
um alongamento erótico na sauna. Com o mesmo estilo falso, Dora Dois massageia as costas
de Gus. Ele se ergue e a beija.

                    GUS (V.O.)
          A Dora Um resolveu tirar a sorte no tarô.
          Enquanto a Dora Dois alongava a minha
          lombar inferior...

LETREIRO: TARÔ
Entra animação com imagens de Dora Um e Dora
Dois e a carta do *Enforcado*, do Tarô.

(CONTINUA...)
...CONTINUANDO:
22.

                    GUS (V.O.)
          ...ela tirou a carta do *Enforcado* e resol-
          veu voltar mais cedo para casa.

INT. DIA – CASA DA MÃE DE JÚLIA – SAUNA
Dora Dois e Gus beijam-se.

                    GUS (V.O.)
          Pegou a gente no aquecimento.

Dora Um dá um flagra em Gus e Dora Dois.

                    GUS (OFF)
          E, agora, na pratica, mamãe está me ex-
          pulsando daqui.

EXT. DIA – CASA MÃE DE JÚLIA VARANDA
Gus continua a falar.

GUS
Não quer que eu volte enquanto a Dora
Um estiver aqui. Eu posso ficar na sua
casa, mana?

Júlia abana a cabeça para o lado.

GUS
Olha, vão ser poucos dias, eu prometo,
eu juro. Deixa?

Gus beija a mão da irmã, pedinte. Júlia não sabe
o que dizer.
LETREIRO: BANANAS
Animação.

EXT. DIA – RUAS DE SANTA TERESA – ACESSO
CASA JÚLIA
Júlia, Gus e Dora Dois fazem jogging e conver-
sam. Eles estão felizes, Júlia emburrada.

DORA DOIS
Vamos, amor, força.

(CONTINUA...)
...CONTINUANDO:
23.

GUS
Olha, vou falar uma coisa, o Jonas tem
medo de se comprometer.Todo homem

tem medo de se comprometer. Menos eu, que me comprometo demais.

Senta-se na murada da rua.

JÚLIA
Estou cansada do medinho dele! Eu sou uma executiva, me sustento! Exijo respeito!

Júlia senta-se ao lado de Gus. Dora Dois observa, admirada, a postura altiva da *cunhada*. Gus espantado. Em instantes a muralha cai, e Júlia já chorando encosta-se ao irmão Gus.

JÚLIA
Ai, Gu, me dá colo. Tô arrasada.

GUS
Maninha, calma, calma.

JÚLIA
Por que será que ele não me liga?

GUS
Calma, tudo vai dar certo.

JÚLIA
Você acha que eu devo ligar para ele?

GUS
Bom, pelo menos eu acho que vai dar certo.

Júlia fica pensativa.

EXT. DIA – CASA JÚLIA – JARDIM
Dora Dois, já no jardim, tenta mudar de assunto.

> DORA DOIS
> Ninguém mais vai se alongar?

> JÚLIA (PISANDO FIRME)
> Eu já me alonguei demais nesse roman-
> ce broxa!

Dora Dois faz uma careta e começa a se exercitar.
Júlia pega suas coisas e parte.

(CONTINUA...)
...CONTINUANDO:
24.

> GUS
> Mana! Aonde você vai?

> JÚLIA (SAINDO)
> Eu vou começar uma vida nova!

Júlia entra em casa.

> DORA DOIS
> Ela também?!

Gus abraça Dora Dois.

> JÚLIA (V.O.)
> Mas o papo com o Gu acabou me convencendo a dar mais uma chance ao romance...

> DORA DOIS
> Não enrola, vai.

Gus abraça e beija Dora Dois.

EXT. ENTARDECER – CASA JONAS FACHADA
Jonas chega em casa com pacotes de compras e bebidas e caixas de lenços de papel.

> JÚLIA (V.O.)
> Desta vez a iniciativa foi minha: resolvi deixar um recado para aquele casca de banana.

Ao subir as escadas, Jonas tira o recado do celular.

JÚLIA (OFF)
Vamos nos ver Jonas, ou você tá me evitando?

Jonas desliga o celular. Suspira e entra em casa.
LETREIRO: NELSON E JONAS
As imagens de Nelson e Jonas em telefonema.

JÚLIA (V.O.)
Somente alguns meses mais tarde é que eu descobri, por uma fonte seguríssima, novos detalhes sórdidos daquele meu romance não iniciado.

(CONTINUA...)
...CONTINUANDO:
25.

NELSON
O negócio é passar a borracha, é porque hoje...

A imagem de Jonas some e dá lugar as fotos e inscrições: *Bel, ex-modelo, 1,81m. Clara, modelo, 1,80m.*

NELSON
...eu tenho duas convidadas pra uma sessão *bem pipoca*. Traz o *champa* viu, não esquece.

INT. NOITE – CASA NELSON
O quadro todo é ocupado pelo cartaz e por cenas de *O MONSTRO DA LAGOA NEGRA*, de Jack Arnold. O HOMEM-PEIXE admira a cientista KAY LAWRENCE nadando, em cena subaquática. Detalhe de um pote de pipocas. BEL serve-se, Jonas está ao seu lado. Perto deles, Nelson e uma nova conquista, CLARA.

NELSON
Sabia que o Steven Spielberg, ele plagiou este filme na abertura do Tubarão!

Clara se admira. Jonas sorri do jogo do amigo.

JÚLIA (V.O.)
Jonas se fantasiou de tímido e Nelson vestiu o seu personagem crítico de cinema.

BEL
Imagina Nelson, nada a ver!

Bel levanta-se e vai ficar (sentar-se) ao lado do sofá onde está Jonas.

NELSON
É, falando sério... e este filme foi o primeiro com cenas subaquáticas em 3D.

CLARA
Mas você sabe tudo o que a gente não sabe mesmo, né, lindo?

Clara dá um beijo em Nelson. Bel insinua-se para Jonas.

JÚLIA (V.O.)
Jonas levou o champanhe, Nelson a pipoca, a Clara e a Bel eram brinde.

(CONTINUA...)
...CONTINUANDO:
26.

Nelson e Clara brincam. Jonas olha Bel, dengosa.

JÚLIA (V.O.)
Bel, a tal doceira portuguesa que tinha feito o bolo do casamento do Gu. Lembra? O grande complô?

Na tela, o Monstro rodopia, nadando.

JÚLIA (V.O.)
Explicando melhor: as *sessões pipoca* eram a armadilha do Nelson para conseguir mulheres, de preferência modelos ou atrizes, todas acima de um metro e oitenta.

Bel pega o pote de pipoca de cima do colo de Jonas. Ele se assusta. Na tela, a mocinha faz piruetas. Jonas toma coragem.

JÚLIA (V.O.)
...E Jonas arranjou a sua. Bastaram duas perguntas.

Clara assente com o olhar para Bel, que sorri.

JONAS (SUSSURRA PARA BEL)
Então, Bel, vamos para minha casa?

Os quatro amigos trocam olhares, confirmando entre si as escolhas.

EXT. NOITE – PRÉDIO JONAS E NELSON/FACHADA E RUA
Jonas e Bel caminham pela rua e acessam as escadas que levam ao apartamento de Jonas.

BEL
Gostou do filme? Eu adorei. Mas fiquei triste pela criatura no final.

JONAS
Triste? Você queria que ele casasse com a garota?

                    BEL
Ah, ele era assustador, mas não era um mau
cara. Só precisava de uma atenção. Sentir
que era amado, importante, querido.

(CONTINUA...)
...CONTINUANDO:
27.

                    JONAS
Ponto de vista interessante.

Uma pequena lufada de vento.

                    BEL
Huuummm... sentiu a brisa da noite? Não
é uma delícia?

                    JONAS
Refresca até a nuca. Vem cá, o que será
que a gente pode fazer agora?

                    BEL
Você não disse que tava com fome?

Jonas entende a cantada de Bel.

                    JONAS
Eu imaginei uma coisa mais leve pra esta noite.

Bel não resiste à piadinha e beija Jonas.

INT. NOITE – QUARTO JONAS
CLIPE
Jonas e Bel beijam-se com sofreguidão, semi-despidos. Bel afasta-se de Jonas e sorri. Pega numa almofada e sorri a Jonas, que estranha. Bel coloca a almofada no chão, encostada à parede e senta-se. Abre as pernas e faz sinal a Jonas para que ele se aproxime. Jonas aproxima-se e recomeçam a se beijar. Jogo de amor e sedução.

JÚLIA (V.O.)
O mesmo informante que me contou que o Nelson tinha ficado com a Clara, me disse também que Jonas ia precisar agora de muita gemada para continuar com a Bel.

Jonas chuta a bola em direção a Bel.

FADE OUT.

EXT. DIA – PRÉDIO DE JONAS E NELSON
FADE IN.

(CONTINUA...)
...CONTINUANDO:
28.

Vê-se Clara saindo da casa de Nelson; na rua, Jonas despede-se de Bel. Bel caminha pela rua. O padeiro chega e serve Jonas. As moças se reencontram, alegres. Jonas bate no ombro do amigo e vizinho. Nelson comenta, olhando as garotas rua abaixo.

>JONAS
>E aí, padeiro?! O de sempre. (recebendo o pão) Valeu.

Nelson despede-se de Clara. Jonas chega até ele.

NELSON
Aí, irmão. Falei que a gente ia passar mal, né?

JONAS
É, Nelson, um homem tem que saber até onde ir, cara.

NELSON
Eu não acredito que você...se assustou com o tamanho da Bel?

JONAS
Eu não tenho mais saúde pra aquilo lá tudo não, cara.

NELSON
Tá brincando, né? Jonas, sabe o que eu acho, acho que você precisa crescer um pouco, viu?

JONAS
Eu também acho, vou crescer um meio metro. Depois eu tento pegar a gaja de novo.

JÚLIA (V.O.)
E foi por isso que Jonas não me respondeu mais. Mas isso ia mudar...

EXT. NOITE SUÍTE DE JÚLIA
Júlia, em quadro, comenta com a câmera.

> ### JÚLIA
> ...e logo. Capítulo novo. Júlia faz uma mesura.

29.
LETREIRO: O MELHOR AMIGO DAS MULHERES
Animação.

INT. DIA – L´AGENCE – ESCRITÓRIO JÚLIA
Júlia entra de óculos escuros. Repara que existe um burburinho na empresa. Em um canto do escritório, estão as mulheres todas da empresa.

> ### CIDA (OFF)
> Vem cá, vem cá, vem cá!

Sentado na cadeira está NETO, que sorri, envergonhado com aquela gente toda. Júlia aproxima-se de uma das colegas que não está à volta de Neto.

> ### JÚLIA
> Quem é?

> ### CIDA
> É o novo assessor de imprensa. Jornalista... e escreve livros infantis. E que pernas...

Júlia olha interessada, mas Neto está meio distante, cercado de pessoas, conversando com o diretor de Júlia, não muito visível.

JÚLIA
Como se chama?

CIDA
Turíbio Fortuna Neto...

JÚLIA
Turíbio?!

CIDA
Mas pode chamar de Neto. Eu já chamei...
tá no papo.

CLARICE
Ai, Cida, se toca! Cê acha mesmo que ele
vai te olhar?

CIDA
Esqueceu que eu peguei o buquê?

CLARICE
Mas isso já faz seis meses, sua maluca!...

(CONTINUA...)
...CONTINUANDO:
30.

CIDA
E desde quando buquê tem prazo de
validade, sua louca?

De longe, o Diretor faz um sinal.

> DIRETOR
> Júlia! Dá um pulinho aqui, por favor. Tenho uma pessoa para te apresentar.

Júlia se aproxima do Diretor e é apresentada a Neto.

> DIRETOR
> Júlia, este é o Neto, nosso novo contratado.

> JÚLIA (BG)
> Uaauuu....

> NETO
> Muito prazer.

> DIRETOR
> E a Júlia é a diretora, que eu te falei, né?

> NETO
> Ah, sim, claro.

LETREIRO: NETO
Entra animação com foto de Neto e os dizeres:
Neto, 40 presumíveis, escritor de livros infantis.

> JÚLIA (V.O.)
> E nada como um novo galã para estrelar um episódio inédito!

INT. DIA – L´AGENCE – PASSARELA
Um pequeno desfile na agência para os bookers.
Neto sussurra para Júlia.

NETO (OLHANDO COM DESPREZO PARA OS
MODELOS)
Notou alguém em especial?

JÚLIA
Notei, notei você ao meu lado...

(CONTINUA...)
...CONTINUANDO:
31.

NETO
Digo o mesmo. Já ouvi falar muito bem
de você, Júlia.

JÚLIA
Aposto que foi minha supervisora.

NETO
Não exatamente. Foram o boy e o motorista.

Júlia levanta a sobrancelha.

NETO
Eles disseram que você supera todas as
mulheres que trabalham aqui...

Júlia sorri.

> JÚLIA (OFF)
> Ponto para você, Neto.

> NETO
> Disseram também que você é a mulher mais cheirosa da agência.

Júlia não sabe se é elogio. Suspira. O desfile continua, Neto fala no ouvido de Júlia.

> NETO
> ... Olha, não sei ainda que tipo de comida você gosta, mas seja qual for a sua opção,

eu, como jornalista, já estive nos melhores restaurantes da cidade...

Júlia sorri e volta a olhar o desfile. Nelson disfarça ao seu lado.

> JÚLIA (V.O.)
> Neto não era enrolado como o Jonas. Na primeira chance, caiu matando.

EXT. NOITE – PRÉDIO DE JONAS E NELSON – FACHADA
Vista do Prédio de Jonas e Nelson.

> JÚLIA (V.O.)
> Enquanto eu não me decidia se aceitava ou não sair para comer fora, Jonas já se empapuçava...

32.

INT. NOITE – CASA JONAS – QUARTO
Bel está novamente deitada sobre Jonas, a lhe servir ovos moles. Estão ambos seminus.

> JÚLIA (V.O.)
> ... com o trivial caseiro.

> BEL
> Huummm... Quer dizer que eu vou ficar 24 horas sem ver você?

                    JONAS
Trinta e quatro, Belzinha, pra ser mais exato.

                     BEL
Huumm... é muito tempo. Eu vou morrer
de saudade.

                    JONAS
O, Belzinha, sai de cima de mim para eu
poder respirar um pouco?

Bel sai de cima de Jonas. Que exagera para re-
cuperar a respiração.

                    JONAS
Miúda, você não acha que a gente está-se
vendo demais, não?

Bel avança sobre Jonas.

                     BEL
Não, eu acho que a gente está-se vendo de
menos. Huumm... meu docinho de coco.

Ela o beija.

INT. NOITE – ESCRITÓRIO DE LEONARDO
Full screen: A porta se abre e entra Roberta. Ela
está vestida de maneira mais vulgar e sedutora.

                  LEONARDO
Roberta! O que faz aqui a esta hora?

> ROBERTA
> Eu estava fazendo compras numa loja de lingerie aqui perto e resolvi passar para fazer uma visitinha...

(CONTINUA...)
...CONTINUANDO:
33.

> LEONARDO
> Eu marquei um encontro com Mariana...

Roberta avança, sedutora.

> ROBERTA
> Talvez você tenha que jantar comigo...

Roberta põe a perna sobre a cadeira de Leonardo.

> ROBERTA
> A sobremesa é por minha conta. Começa com *f*...

Leonardo engole seco.

INT. NOITE – CASA JÚLIA – SUÍTE // ESCRITÓRIO DE LEONARDO
A tela mostra na TV a novela *Vidas Sem Rumo* e, no quarto, Júlia e Gus, que assistem à novela largados na cama dela.

> **GUS (OFF)**
> O, Júlia, e por que você não quis sair com o seu chefe, o Neto?

Leonardo se explica melhor.

> **LEONARDO (BG)**
> Você não entendeu? Eu marquei de sair com sua irmã!

Dora Dois entra na suíte, comendo pipocas, traz suco em caixas e um pote de açaí com granola.

> **DORA DOIS**
> Eu também teria recusado. É uma questão de manter o respeito próprio, né, Júlia?

> **GUS (BG, PARA DORA DOIS)**
> O que você esta falando? Comigo você aceitou no primeiro convite?

Roberta avança sobre Leonardo.

> **ROBERTA**
> Mariana é uma noiva muito compreensiva... Ela sabia que você ia trabalhar até tarde e lhe poupou do compromisso...

(CONTINUA...)
...CONTINUANDO:
34.

DORA DOIS (BG, SEM LIGAR PARA GUS)
Dá uma de difícil. Faz o cara ligar pra você.

DORA DOIS (SEM LIGAR PARA GUS)
Sei lá, dá uma canseira nele, né.

Júlia sorri.

JÚLIA
Pode ser.

VINHETA: VIDAS SEM RUMO
A vinheta da novela entra, com a inscrição
AVANTE, JÚLIA.

JÚLIA (V.O.)
Sabe o que mais? Meu ego já dava sinal
de estar saindo do estado de coma.

INT. NOITE – RESTAURANTE ROMÂNTICO
Júlia e Neto: os dois jantam.

NETO
Queria te pedir desculpas se fui inconve-
niente com você naquele dia. ...Não, eu
entendo que você tenha recusado um
convite de um desconhecido.

JÚLIA
Não, não foi nada demais, Neto. Eu é que
não tô passando por uma fase muito boa.

NETO
Hum...Bom, você pode não tá passando uma fase boa, mas no resto, tá perfeito.

Neto sorri.

JÚLIA (V.O.)
Naquele momento eu quase agradeci ao Neto por ter tirado o Jonas do meu caminho.

Júlia sorri, contente com o elogio.

(CONTINUA...)
...CONTINUANDO:
35.

JÚLIA
Mas me fale mais de você, me fale da sua namorada.

NETO
Huumm, sem namorada. Tô dando um tempo nessa parte... ainda tô me recuperando de uma grande decepção...

JÚLIA
Sou toda ouvidos.

Neto suspira. Dá outro gole.

EXT. DIA – PRAÇA PARIS
Neto caminha com ROSEMARY pelo centro da Praça Paris, ela empurrando um carrinho de bebê.

                JÚLIA (V.O.)
    O Neto me contou, então, a triste história da separação da sua ex, a Rosemary. Um poço de ciúmes com nervos descontrolados!

Rosemary decide pedir uma água de coco para uma ambulante.
Neto distraído com a paisagem.

ROSEMARY
Você não pode ajudar aqui um pouco, por favor? Pô, você podia ficar mais atento às necessidades do seu filho, né, Neto?

Neto olha Rosemary, surpreendido, pega sua carteira no carrinho do bebê.

NETO
Desculpa tava olhando a paisagem.

ROSEMARY
Tá, eu sei que paisagem você está olhando. Você não tá nem aí com a gente. Você

tá com a cabeça em outro canto. Vai lá comprar água.

NETO
Tá, calma, calma! Eu ajudo.

Neto vai até a vendedora de água de coco.

NETO
Quanto que é, moça?

(CONTINUA...)
...CONTINUANDO:
36.

VENDEDORA
Dois reais.

NETO
Obrigado.

Neto é delicado com a vendedora de água de coco, o que deixa Rosemary ainda mais enciumada e rejeitada.

ROSEMARY
Quer saber, toma teu filho.

Ela passa o pequeno João para Neto.

ROSEMARY
Vocês não precisam de mim mesmo.

Rosemary abandona João nos braços de Neto. Dá-lhe as costas e caminha em sentido contrário, deixando-o com o filho no colo. Ele tenta disfarçar a falta de moral perante a mocinha do carrinho de coco. Neto tenta chamá-la.

> NETO
> O... Rosemary, o... Rosemary!... (brinca como o bebê) Ooo... chuchuzinho!... (sai atrás de Rosemary) Rosemary... Rosemary!...

Rosemary anda rápido. Neto fica desesperado.

EXT. DIA – ATERRO DO FLAMENGO – RUA
Rosemary toma um táxi sem olhar para trás. Neto aproxima-se da janela e grita.

> NETO
> Rosemary... Se está fugindo é porque tem culpa no cartório. Bem feito para mim, quem mandou casar com a primeira pesquisadora que apareceu?

> ROSEMARY
> Segue, segue, segue.

O táxi arranca.

> NETO
> Eu nunca devia ter respondido àquela pesquisa, nunca!

Neto fica com seu bebê no colo, desolado.

37.

INT. NOITE – RESTAURANTE ROMÂNTICO
Júlia olha Neto, expectante.

> JÚLIA
> Ela era pesquisadora?

> NETO
> Hum... era, quando a conheci. Mas o
> nosso começo foi bem legal...

EXT. DIA – PRAÇA PARIS
Cena de domingo no parque. Rosemary está uni-
formizada, sorrindo para Neto, que está parado
a falar com ela. Outros caminham, correm. Ele
fora de campo.

> ROSEMARY
> Estado civil?

> NETO
> Recém-casado... com a senhora...

Rosemary olha Neto, e sorri com a resposta.

> ROSEMARY
> É... Filhos?

NETO
Só dependo de você pra começar.

Rosemary olha Neto. Imediatamente, larga o caderno de pesquisa e os dois começam a se beijar.

INT. NOITE – CASA NETO – QUARTO
Júlia e Neto transando. Neto curte muito, mas Júlia está meio *enferrujada*. Satisfeito, Neto desaba ao seu lado todo animado. Mas deixa claro com pequenos gestos que a satisfação é sexual, não afetiva. Silêncio.

NETO
Então... você acha que a Rosemary tinha
razão para se queixar?

Olhando para o teto, Neto não percebe que Júlia
está-se levantando... meio frustrada.

JÚLIA (DESANIMADA)
Não, você é ótimo.

Júlia começa a se levantar, Neto a segura.

(CONTINUA...)
...CONTINUANDO:
38.

NETO
Espera. Não me leve a mal, não.

JÚLIA
Então não me traga a Rosemary ou uma
outra mulher para esta cama enquanto
eu estiver nela,né?

NETO (BEIJANDO JÚLIA, COM AFETO)
Prometo.

Júlia se vira de costas, Neto a abraça por trás.

JÚLIA
Acho que estou um pouco enferrujada...

INT. NOITE – SUÍTE DE JÚLIA
Júlia em quadro. Ela volta a comentar com a câmera.

JÚLIA
Se com Neto as coisas começavam a deslanchar, com Jonas a situação era de vertigem diante do abismo.

Júlia suspira.

LETREIRO: FELIZES PARA SEMPRE
Animação.

EXT. NOITE – CASA JONAS – FACHADA
Jonas chega em casa carregando uma mala.

JÚLIA (V.O.)
Trinta e quatro horas em São Paulo não foram suficientes para dissipar o aroma de baunilha, canela, chocolate e... compromisso.

Dá de cara com uma faixa de *Welcome Darling* atravessada na fachada. Acha esquisito, entra em casa.

39.

INT. NOITE – CASA JONAS – SALA
Jonas examina as mudanças no seu loft. Há muitos vasos de flores e o retrato de Bel no lugar do retrato de Sandra. Jonas tira o paletó.

JÚLIA (V.O.)
Quando Jonas voltou para casa naquela noite foi que percebeu o tamanho da sua encrenca.

Tenta relaxar. Abre-se a porta da rua e entram dois carregadores com um fogão. Atrás deles aparece Bel, carregando dois pacotes de compras.

BEL
Jonas, voltou para a sua Belzinha é? (beijando-o) Tava com saudade.

Jonas paga os carregadores, ela põe as compras sobre a mesa. Ele reage.

JONAS
Como é que você abriu a porta?

BEL
Ué, com as chaves (mostra o chaveiro) que você deu para mim para eu vir regar as suas plantas, lembra?

JONAS
Mas... eu não tenho plantas!

BEL
Pois é.

JONAS
Ganhou numa rifa?

Bel vai até o fogão.

BEL
Sua Belzinha não vai deixar que você passe fominha, não. E chega de congelados...

Jonas gesticula, enfezado.

JONAS
É impressão minha ou você se mudou para cá?

Bel se aproxima dele.

(CONTINUA...)
...CONTINUANDO:
40.

BEL
Puxa, Jonas, eu só quero cuidar de você. Você sabe que é a pessoa mais importante do mundo para mim.

Ela o abraça e o beija. Jonas se afasta de Bel, demonstrando cansaço pela viagem.

JONAS
O, Belzinha, não precisa se preocupar comigo. Eu acho que hoje ao invés de festinha, eu vou preferir dormir, tá?!...

Ela tem uma ideia.

> BEL
> Eu já sei como eu vou acabar com esse seu estresse...

Pega um rolo de macarrão no pacote de compras.

PASSAGEM DE TEMPO.

INT. NOITE – CASA JONAS – QUARTO
Jonas está deitado de bruços. Bel, com roupas eróticas, avança e *monta* sobre ele, aplicando uma massagem, toda entusiasmada.

> JÚLIA (V.O.)
> Aquela mulher tinha invadido o apartamento de Jonas (ri), agora o reduzia a massa de pizza!

FADE OUT

INT. DIA – ESCRITÓRIO JÚLIA – CORREDOR
Júlia e Neto chegam juntos à L´Agence Rio

> NETO
> Bom-dia!

> RECEPCIONISTA
> Bom-dia!

JÚLIA (V.O.)
Agora era oficial.

41.

INT. DIA – ESCRITÓRIO DE JÚLIA
Júlia e Neto entram abraçados.

JÚLIA (V.O.)
Eu e o Neto estávamos saindo juntos. A
agência inteira já estava sabendo.

Nelson e os outros reparam na chegada dos
pombinhos. As PESSOAS no escritório olham e
sorriem para o casal.

CLARICE (PARA CIDA, BAIXINHO)
Não te disse?... Caiu matando!

JÚLIA (V.O.)
E a agência inteira já estava sabendo.

O Diretor faz um comentário que quebra o gelo
do ambiente.

DIRETOR (PARA NELSON, ALTO)
Ei, Gaston..., (aponta o casal) ...a Bela e
a Fera!

Todos sorriem. Nelson fica sério.
No CORREDOR, o Office boy, enciumado, comenta com o motorista.

OFFICE BOY (PARA O MOTORISTA)
A Dama e o Vagabundo.

O diretor vem tratar um assunto com Neto e o conduz até Nelson.

DIRETOR (BG)
Gente, esta campanha tem que bombar, recebi uma menina incrível.

Neto sorri para Júlia, que se encaminha para a sua mesa.

JÚLIA (V.O.)
Percebi que a coisa estava séria...

PASSAGEM DE TEMPO
42.

INT. DIA – ESCRITÓRIO JÚLIA – MESA JÚLIA
Júlia ao telefone.

JÚLIA (V.O.)
...quando a mãe dele, que eu nem conhecia, passou a me ligar.

Júlia tenta desligar.

JÚLIA
Ok, tá bom, eu aviso, sim. Tchau!

JÚLIA (V.O.)
Virei sua secretária eletrônica.

Júlia se levanta e vai até a mesa de Neto. Ela sussurra ao ouvido dele.

JÚLIA
Sua mãe mandou avisar que vai ter língua com ervilhas pro almoço. Neto, eu nunca imaginei que você comesse língua com ervilhas. Você trate de escovar bem os dentes antes de me beijar, tá?

Júlia o beija e retorna à sua mesa, sob o olhar ciumento de Cida, ao fundo.

INT. DIA – CASA JÚLIA – ENTRADA/JARDIM
Sob uma garoa insistente, emocionados, Gus e Júlia se despedem. Dora Dois ao seu lado.

DORA DOIS
Obrigada, Júlia, você quebrou o maior galhão, viu.

O táxi sendo carregado. Dora embarca, seguida por Gus.

JÚLIA (V.O.)
Irmão caçula sempre dá muito trabalho. Eu tava cansada de ser a babá do Gu e da

Dora. Com jeitinho, convenci a mamãe a aceitá-los de volta.

Táxi parte. Eles dão tchauzinho pela janela traseira.

JÚLIA (V.O.)
Se era para tomar conta de

(MAIS...)
(CONTINUA...)
...CONTINUANDO:
43.

JÚLIA (...CONT.)
alguém, que fosse do Neto. Meu novo príncipe.

Júlia acena e, aliviada, volta para sua casa.

JÚLIA
Príncipe divorciado e com filho de outra. Mas meu o príncipe.

INT. DIA – CASA NETO – ENTRADA
Júlia e Neto entram.

NETO
Olá!...

A empregada Baby Sitter se aproxima.

BABY SITTER
Ainda bem que o senhor chegou. É que
tá na minha hora de ir embora. O Dudu
comeu, mas o João não quis nada...

NETO
O Dudu tá aqui de novo? A mãe dele acha
que aqui agora é creche é?

A Baby Sitter faz cara de quem diz: sabe como
é, né?

NETO
Bom, esta é a Júlia. Você pode ir embora
pra casa, ela cuida do João. E do Dudu.

Júlia fica surpresa, a moça some na cozinha. Neto
fecha a porta. Júlia entra, desconfiada.

INT. DIA – CASA NETO – SALA
Júlia desce as escadas que levam à sala onde
JOÃO (10 anos) e DUDU (11 anos) estão a jogar
videogame(GTA). Júlia olha-os sorridente. Neto
vai para a sala contígua.

JÚLIA (V.O.)
Minha promoção de princesa a madrasta
foi muito rápida, sem curso preparatório.
Cumprimenta-os.

(CONTINUA...)
...CONTINUANDO:
44.

                JÚLIA
  Oi.

João não responde, concentrado em matar pessoas no GTA.

                NETO
  João, cumprimenta a Júlia.

Dudu é mais simpático.

                    DUDU
        Oi, tia, oi, tio.

                    JOÃO
        Como você faz isto?

Eles falam as senhas do jogo, num diálogo totalmente incompreensível.

                    DUDU (BG)
        Deixa eu te mostrar: R1, R2, R1, R2...

Júlia os observa, com ternura.

                    JÚLIA (V.O.)
        João é o filho do primeiro casamento do
        Neto. A cada duas semanas, eu passaria
        meus sábados e domingos com eles. O
        garoto me aceitou sem problemas desde
        o início.

EXT. DIA – CASA NETO ENTRADA
Flash back do primeiro encontro: João vem pegar
uma bola quando Neto o chama, acompanhado
de Júlia.

                    NETO
        João! João, vem cá. Eu quero muito te
        apresentar uma pessoa...

João se volta para ele, desconfiado. Neto abraça Júlia.

NETO
Essa é a Júlia, a nova namorada do papai (beija-a). Ela queria muito te conhecer.

Júlia tenta ser a mais simpática possível.

JÚLIA
Oi, João! Seu pai fala tanto de você!

(CONTINUA...)
...CONTINUANDO:
45.

JOÃO
Eu não gostei dela!

João entra, bate a porta e deixa os dois para fora.

INT. – DIA – CASA NETO SALA
Detalhe da Tela de TV: *Iniciar Combate*.
Cena do assassinato de dois policiais; o atirador sai correndo com sua moto. Barulho de tiros e serra elétrica se misturam.
João e Dudu ainda jogam videogame e Júlia vem chamá-los.

JÚLIA
João, tá na hora de comer.

João olha Júlia, aborrecido.

JOÃO
Cala a boca!

JÚLIA
João, seu pai já disse pra você não falar assim comigo. Venham os dois, eu vou preparar banana amassada com aveia e mel. Você quer também, Dudu? É garantido!

DUDU
Eu quero!

JOÃO
Eu odeio banana amassada com aveia e mel!

JÚLIA
Que menino mentiroso!

JOÃO
Acabou a pipoca, acabou o leite condensado, não tem nada bom nesta casa.

Júlia suspira. Entra Neto.

NETO
Filhão... desliga a TV pro papai trabalhar um pouco?

> JOÃO
> Primeiro é *game*, não TV. Segundo, não tem nada pra gente fazer! Nem piscina dá pra usar!

NETO, surpreso, vai conferir

46.

EXT. DIA – CASA NETO PISCINA
Neto sai para supervisionar o serviço.
Júlia observa uma enorme bagunça na piscina. Um jardineiro está cortando o tronco de um coqueiro morto com uma serra elétrica. Terra revirada. Tenta remediar a situação.

> JÚLIA
> Eu tenho uma ideia, vamos ao shopping, João? Vamos Dudu?

> DUDU
> Iii...não vai dá, minha mãe vem me buscar.

> JOÃO
> Eu odeio shopping!

Júlia sorri, compreensiva.

EXT. NOITE – SUÍTE DE JÚLIA
Júlia, em quadro, volta a comentar com a câmera.

JÚLIA
Domingo é deprimente. Ninguém escapa. Mas aquele domingo foi especialmente arrasador.

Júlia reage.

LETREIRO: MAIS QUENTE É MELHOR
Animação.

INT. DIA – CASA JONAS – QUARTO
Jonas acorda com o despertador. Vira-se para o lado, Sonolento, e acaba por cair em cima de Bel, que dorme ao lado dele.

JÚLIA (V.O.)
Jonas reclamava, dizia que estar com a Bel era como estar numa prisão...

Bel acorda de repente, esfuziante. Sem dar chance dele se levantar, agarra-o.

BEL
Eu te amo, nós vamos ficar juntos para sempre!

(CONTINUA...)
...CONTINUANDO:
47.

Bel o beija.

JÚLIA (V.O.)
Prisão de luxo, mas prisão.

Bel não o larga.

BEL
Nós vamos ficar juntos pra sempre!

Bel o deita e se estica sobre Jonas.

BEL
Nós vamos ficar sempre juntos, sempre ...eu vou encher o seu dia inteirinho (tira-lhe os óculos) de alegria e muito amor.

Bel começa a beijar-lhe o corpo.

JÚLIA (V.O.)
(...) Prisão perpétua. Sem direito a hábeas corpus. Ahhh... Bem-feito.

Jonas não resiste às carícias. Engole seco.

INT. DIA – CASA JONAS – SALA
Jonas abre os olhos, de espanto. Acabou de sair do banheiro e olha Bel, que está de sutiã e calcinha, com um avental, a fazer uma faxina na casa. Bel tem espanador de pó na mão.

BEL (OFF)
Tudo limpinho....

Jonas a observa, com ternura. Ela olha para ele.

> **BEL**
> Limpei a sua vida...

Bel tira o avental e começa a correr na direção de Jonas. Aproxima-se dele e salta-lhe em cima.

> **BEL**
> Agora eu vou... amar você (beija-o). Depois limpo o quarto... (beija-o), e amo você,(ri)...ah, acabo na cama com você.

Bel o empurra e cai sobre Jonas na cama.

(CONTINUA...)
...CONTINUANDO:
48.

> **BEL**
> ...E acabo com você.

Bel beija Jonas. Jonas tenta afastá-la.

> **JONAS**
> Humm, acho ótimo miúda. Mas, se a gente pulasse a parte da limpeza, e fosse dar uma volta? Que que você acha? Você escolhe a praia!

Bel rebola na cama, sensual e provocativamente.

BEL
A praia, é?

Jonas se arrepia. Ela aguarda, maliciosa, a decisão dele. Ele engole mais um docinho.

INT.EXT. DIA – SHOPPING CORREDOR
João toma um suco de açaí e come pão de queijo. Júlia anda ao seu lado.

JOÃO
Nossa, Júlia, isto aqui é muito ruim!

JÚLIA
Ruim! Isto é proteína pura!

JOÃO
Que proteína ruim, hein?!

João atira um saquinho de pão de queijo em Júlia. Júlia recolhe os pães de queijo do chão e os joga numa lixeira.

JÚLIA (V.O.)
Engolir o sapinho herdeiro era meio indigesto...mas o que eu não sabia...

Júlia se apressa atrás do menino.

JÚLIA (BG)
João!

> JÚLIA (V.O.)
> ...era que o pior ainda estava por vir.

49.

INT. DIA – SHOPPING – LOJA
No shopping, Bel arrasta Jonas pela mão para uma loja de biquínis. Jonas suspira. A vendedora os atende.

> VENDEDORA DA LOJA
> Oi, tudo bem?

> JONAS
> Tudo bom?

> VENDEDORA DA LOJA
> Posso te ajudar?

Bel examina um biquíni, sorridente.

INT. DIA – SHOPPING – LOJA – PROVADOR
Jonas olha Bel saindo de dentro de um dos provadores. Jonas aproxima-se e Bel está em biquíni (muito pequeno para o tamanho dela). Ele fica extasiado. Ela prova outros modelos.

INT. EXT. DIA – SHOPPING CORREDOR
No corredor, a correria continua. João foge de Júlia, com uma arma na mão.

                    JÚLIA
         João, volta pra cá imediatamente.

Um SEGURANÇA DO SHOPPING também tenta
alcançar João.

                    JÚLIA
         João,... João, esta arma é da loja!

João escapa. Júlia se aborrece.

                    JÚLIA (V.O.)
         Meu talento para babá era proporcional
         à minha aptidão para lidar com os mar-
         manjos: ligeiramente atrapalhada.

Júlia se surpreende ao encontrar um dos frequentadores. É Jonas. Bel está ao seu lado e segura a sacola da loja de biquínis. Ao fundo, o segurança alcança o garoto. João entrega o brinquedo ao segurança e ele ainda passa a mão na cabecinha do menino.

JÚLIA (V.O.)
Por isso mesmo, a surpresa veio ainda mais forte...

(CONTINUA...)
...CONTINUANDO:
50.

Júlia fica estarrecida com o reencontro. Câmera lenta, música romântica.

JÚLIA (V.O.)
...Depois de tanto tempo ali estava, na minha frente, Jonas e seu charme *blasé*. E eu sou obrigada a dizer que continuava gostando: de Jonas, e seu charme!

JÚLIA
Jonas?!!

Jonas sorri, igualmente surpreso e encantado. Segundos depois, volta o zum-zum do shopping. João se aproxima, resmungando.

> **JOÃO**
> Pô, você é muito chato, mano!!!

Júlia se recompõe e apanha João com firmeza, pelos braços.

> **JÚLIA**
> Nunca mais que eu te trago de volta pro shopping! Olha que vergonha...

Bel e Jonas sorriem. João fica quieto.Júlia visivelmente constrangida.

> **JÚLIA**
> ...Aiiii, que vexame.

Júlia faz um carinho em João e retoma a conversa.

> **JÚLIA**
> Como você está, Jonas? Há quanto tempo!

> **JONAS**
> Faz tempo, né, Júlia. É seu filho?

> **JÚLIA**
> Faz tempo, né, Jonas, mas não o bastante para eu ter tido um filho. Ainda mais deste tamanho!

> **JOÃO**
> Tchau, estou indo para a loja de videogames!

João corre. Bel e Jonas olham-no a correr. Júlia suspira.

> JÚLIA
> O João é filho do meu namorado. Eu não posso deixar esse pestinha solto por aí. Legal te ver.

(CONTINUA...)
...CONTINUANDO:
51.

> JONAS
> Legal te ver também, Júlia.

Júlia respira fundo, Jonas fita Júlia. Bel dá um toque no ombro de Jonas. Jonas percebe.

> JONAS
> E você lembra da Bel, Júlia?

Júlia olha Bel com curiosidade e ar pensativo, desagradada. Bel sorri amarelo, expectante.

> JÚLIA
> Ahh, claro, Bel! Lembro sim! Eu demorei semanas para perder o que engordei no casamento do Gu.

Bel contra-ataca.

BEL
Melhorou muito então,... tá linda!

Júlia, desconcertada, olha Bel de cima abaixo, com cara de desprezo.

JÚLIA
Bom, acho que está na nossa hora. O pai do João não gosta de esperar. Tchau, então...

BEL
Passa lá na minha loja então...

Bel entrega um cartão da *Delícias da Bel* para Júlia, que sorri amarelo e lê o cartão.

BEL
...tem uns docinhos,... tudo light!

Júlia se desagrada com a indireta. Jonas tenta ser educado.

JONAS
Eu fico feliz em ver que você está bem, Júlia.

Júlia sorri e sai atrás do menino, despedindo-se secamente.

JÚLIA
Tchau.

JONAS
Tchau.

52.

Bel sorri, vitoriosa, arrasta Jonas pela mão. Jonas não resiste e olha para trás e vê Júlia jogando fora o cartão de Bel. Ele disfarça e vira-se novamente para Bel. Júlia olha para trás, vendo Bel e Jonas se afastando. Júlia, perturbada, olha para a frente.

INT. NOITE – SUÍTE DE JÚLIA
Júlia, nostálgica, fala para a câmera.

JÚLIA
Sensação esquisita: saudade, perda, tristeza. Ou tudo isso junto.

Júlia se recosta na cama.

LETREIRO: É MELHOR SE BRIGAR JUNTOS
Animação.

JÚLIA (V.O.)
Não demorou muito para eu descobrir que aquele encontro não tinha mexido ...

INT. DIA – DELÍCIAS DA BEL
Jonas chega ao trabalho de Bel.

JÚLIA (V.O.)

...só comigo.

Jonas chama Bel para conversar.

JONAS

Oi, Belzinha. Eu preciso falar com você.

Ela se surpreende com a chegada de Jonas.

BEL

Ah, Jonas! (beija-o) Veio visitar sua Belzinha, é? Quer comer alguma coisa?

JONAS

Não, Belzinha, obrigado. O que eu tenho para conversar com você é sério.

(CONTINUA...)
...CONTINUANDO:
53.

BEL

Um minuto só.

Bel se afasta do balcão. Jonas vai para uma mesa.

JÚLIA (V.O.)
Era a mesma história de novo. Uma mulher apaixonada e um homem sob pressão.

Sentados a uma das mesas, Bel está desconfiada.

BEL
Você está dizendo que..., que nós não estamos mais namorando?

JONAS
Na verdade, Belzinha, a gente nunca namorou.

Bel se surpreende.

JONAS
Ou melhor, você namorou comigo. Tudo bem, eu reconheço que não resisti muito. Nós tivemos um relacionamento legal, foi isso. Só que agora chegou a hora de cada um ir para o seu lado.

Bel começa a ficar irritada.

BEL
Jonas Pires! Chegou a hora pra você. Para mim, não chegou, não! Eu não quero deixar de ser sua namorada.

JONAS
O, Bel... Você está me sufocando. Eu não tenho mais nem um segundo para mim mesmo.

Bel aponta para Jonas com um dedo de acusação. Está furiosa.

BEL
Existe outra pessoa, é?

Jonas não diz nada, desalentado.

BEL
Você tem alguém?

Bel olha Jonas, indecisa. Tensão. Bel sorri e tenta esquecer o que se passou.

(CONTINUA...)
...CONTINUANDO:
54.

BEL
Não interessa. Você é meu. E vai ser meu pra sempre, Jonas.

Aproxima-se de Jonas, se encosta nele sorridente e lasciva.

> **BEL**
> Jonas, eu esqueci o que você acabou de falar. É... o bar aqui está fechando e nós vamos pra casa, se amando...

Jonas suspira, cansado, mas não faz nada para a contrariar. Ela sorri... encantadoramente.

> **BEL**
> ...e eu vou fazer um jantar bem gostoso pra você. Você vai ver que eu sou a mulher certa...que nós fomos feitos um para o outro, Jonas.

136 Uma cliente entra.

> **JONAS**
> O... Bel... é melhor você atender à cliente lá. Depois a gente resolve isso. E lembra o que eu falei: continua valendo.

Bel, muito segura de si, encerra o assunto.

> **BEL**
> Eu... Eu só vou discutir esse assunto de salto alto, tomando champanhe, num quarto de motel.

Bel se levanta. Jonas percebe que vai ser difícil.

> JÚLIA (V.O.)
> Quanto mais Bel o prendia, mais Jonas queria se livrar dela. Mas a imagem de salto alto e champanhe ocupou os poucos neurônios de seu cérebro.

INT. NOITE – SUÍTE DE JÚLIA
Júlia sorri, irônica.

> JÚLIA
> Nós, mulheres, nunca vamos entender como funciona esse órgão masculino. O cérebro. E a mesma

(MAIS...)
(CONTINUA...)
...CONTINUANDO:
55.

> JÚLIA (...CONT.)
> constatação valia pro meu irmão Gu.

LETREIRO: HOMO ABSURDUS
Animação.

INT. DIA – CASA JÚLIA – SALA
Júlia trabalha no computador no sofá; Gus entra disparado.

> GUS
> Desta vez é para sempre.

                    JÚLIA
        O quê?

                    GUS
        Eu e Dora Dois...

Gus senta-se numa poltrona.

                    GUS
        ...acabou!

                    JÚLIA
        Gu, você diz isso a cada seis meses. Pior:
        acredita! Quem é, agora? A Dora Três?

                    GUS
        A irmã gêmea da Dora Dois. A Cora.

Júlia revira os olhos.

LETREIRO: CORA, UMA QUASE DORA
Imagens de CORA e Dora Dois.

                    JÚLIA (OFF)
        Você tá maluco? A Cora,... ela, a irmã da
        Dora, Gu..??!!

EXT. DIA – PISTA CLÁUDIO COUTINHO
Dora Dois está na pista, exercitando Gus.

                    DORA DOIS
        Força aqui, viu?

56.

INT. DIA – CASA JÚLIA – SALA
Gus reclama da ex.

                GUS (OFF)
   A Dora Dois, ela só pensa em esporte, em malhar...

EXT. DIA – PISTA CLÁUDIO COUTINHO
Dora Dois exige esforço de Gus na flexão.

                DORA DOIS
   Força no abdômen, força!

Gus procura Cora com o olhar. Ela está deitada na grama, fotografando plantas.

> GUS (OFF)
> A Dora só sabe pegar no meu pé. A Cora não, ela é mais cabeça. Curte ecologia. A gata é supersensível, Júlia. Ela até conversa com as plantas.

INSERTS: FOTOS DE PLANTAS.

> GUS (OFF)
> Ela até conversa com as plantas. Cora percebe o olhar de Gus e sorri de volta. Torna a fotografar.

> GUS (OFF)
> O sorriso, aquele cabelo. Eu percebi logo que ela é mais...

INT. DIA – CASA JÚLIA – SALA
Gus se abre para Júlia, revelando-se todo apaixonado.

> GUS
> ...mais inteligente... o corpo dela é mais lindo também!

> JÚLIA
> Gu, elas são idênticas!

Ele tenta se justificar.

(CONTINUA...)
...CONTINUANDO:
57.

>   GUS
>   De longe, de longe...

EXT. DIA – PISTA CLÁUDIO COUTINHO
Cora, já em pé, segue fotografando alguns miquinhos, nas árvores.

>   GUS (OFF)
>   A diferença é que a Cora...

INSERTS: FOTOS DOS MIQUINHOS.

>   GUS (OFF)
>   ...com aquele jeitinho todo humanitário
>   dela...

Cora sorri para Gus.

>   GUS (OFF)
>   ...despertou o meu lado animal, maninha.

INT. DIA – CASA JÚLIA – SALA
Gus tenta se explicar melhor.

>   GUS
>   Ahhh... Eu comecei a namorar a Cora no,...

EXT. DIA – PISTA CLÁUDIO COUTINHO – MATA
Cora sobe uma trilha na mata.

> GUS (OFF)
> ...no susto, meio assim, sem querer...

Cora toma um isotônico, Gus se aproxima e a beija na nuca. Cora nota o erro, mas não diz nada. Gus beija Cora na boca.

> CORA
> Errou de gêmea.

Cora aponta a irmã Dora fazendo alongamento ao longe, na PISTA.

(CONTINUA...)
...CONTINUANDO:
58.

> GUS (ASSUSTADO)
> Nossa, foi péssimo!

Cora tenta se justificar.

> CORA
> Não, a culpa foi minha.

> GUS
> Quer dizer, foi ótimo!

CORA
Eu tinha que ter te avisado.

GUS
Não, não, não, fui eu. Eu realmente pensei que você fosse a Dora...

No mesmo embalo, Gus volta a beijar Cora, agora
sabendo quem ela é. Cora gosta.

INT. DIA – CASA JÚLIA – SALA
Gus está meio constrangido pela confissão.

GUS
Aconteceu.

Júlia abana a cabeça.

JÚLIA
Isso é bem pervertido.

GUS
É, é sim. Mas é amor! Juro!

Júlia está espantada.

JÚLIA
Meu Deus... e agora?

GUS
E agora tem vantagens...

EXT. DIA – CASA MÃE DE JÚLIA – FACHADA
Cora, colada ao muro da rua lateral, observa a irmã Dora sair, com sua bola e material de ginástica, e se despedir de Gus.

> GUS (OFF)
> ...São emoções intensas, uma atrás

(MAIS...)
(CONTINUA...)
...CONTINUANDO:
59.

> GUS (... CONT.)
> da outra, sem intervalo comercial.

Dora Dois entra no táxi. Gus fica com a bola. O táxi avança e Cora se esconde atrás do muro.

> GUS (OFF)
> É só sair uma, que logo entra a outra!

INT. DIA – CASA JÚLIA – SALA
Gus fica todo orgulhoso de si.

> GUS
> Ninguém percebe...

EXT. DIA – CASA MÃE DE JÚLIA – FACHADA
O táxi avança. Dora Dois joga um beijo para trás.

> GUS (OFF)
> ...as diferenças! Só eu...

INT. DIA – CASA JÚLIA – SALA
Gus se diverte com a situação.

> GUS
> ...é sério, ninguém!

Júlia tapa o sorriso com as mãos.

EXT. DIA – CASA MÃE DE JÚLIA – FACHADA
Cora sai de trás do muro e vai ao encontro de
Gus. Ele a recebe de braços abertos, abraçam-se.
Beijam-se apaixonadamente, felizes.

> GUS (OFF)
> Júlia, acabei me dando bem, minha agen-
> da ficou cheia, passei a semana toda com-
> pletamente apaixonado. Queria tanto as
> duas. Mas já que eu tenho que escolher,
> vou ficar com a mais nova. A Cora.

60.

INT. DIA – CASA JÚLIA – SALA
Júlia cruza os braços; quer saber mais.

> JÚLIA
> E a Dora Dois?

Gus se preocupa e muda-se para o sofá onde está sua irmã.

GUS
Você não tá entendendo!... a Dora Dois ela não sabe de nada. Você não vai falar nada, pelo amor de Deus. Eu e a Cora vamos fugir.

JÚLIA
Fugir?! Você pirou?!

GUS
Pirei. Na gêmea.

JÚLIA
Pra onde é que vocês vão?!

GUS
Mana, eu não posso revelar agora. Olha não sei quando a gente vai se ver de novo, é serio, não sei. Me dá um abraço, forte.

Gus abre os braços. Júlia levanta-se, triste.

JÚLIA
Não some, mano.

Júlia e Gus abraçam-se.

INT. NOITE – SUÍTE DE JÚLIA
Júlia comenta.

JÚLIA
Gostaria de assistir um único programa de TV que tentasse explicar a cabeça... dos homens. Mas eu sei que mesmo que existisse esse programa, a gente continuaria vendo novela...

VINHETA: VIDAS SEM RUMO
Vinheta animada com sua trilha sonora e locução.

(CONTINUA...)
...CONTINUANDO:
61.

LOCUTOR (V.O.)
Voltamos a apresentar: *Vidas Sem Rumo.*

INT. NOITE – ESCRITÓRIO DE LEONARDO
Efeito de Tela de TV, full screen.
Leonardo e Mariana no escritório dele. Eles se ajeitam.
Recolhem e vestem as roupas após uma cena de amor, presumivelmente malsucedida.

MARIANA
Por que você não quer que eu diga o que aconteceu de verdade, Leonardo? Por que não podemos conversar sobre esse momento de.. luxúria, que acabamos de viver?

LEONARDO
Talvez tenha sido íntimo demais.

MARIANA
E quanto a mim? Você não se importa com o que eu sinto? Hein? Nenhuma palavra?

LEONARDO
Tenho três palavras para você: (levantando-se)... nosso noivado... acabou!

MARIANA
Leonardo! O que você quer dizer com o *nosso noivado acabou?*

LEONARDO
Basicamente, o que eu quis dizer, é que o nosso noivado terminou.

MARIANA
Mas... por quê?

LEONARDO
Porque... (ajustando a camisa na calça)... eu estou há dias resistindo bravamente às investidas sexuais da devassa da sua irmã. E você ainda vem me perguntar por quê? Fiz em respeito a você.

> MARIANA
> Sou uma mulher apaixonada, lutando pelo que é meu! (olha para o cinto dele)... Ou o que era meu!

(CONTINUA...)
...CONTINUANDO:
62.

> MARIANA (BG)
> Eu acabo com você...

INT. NOITE – CASA JONAS – SALA
Jonas suspira, aborrecido. Na TV segue a cena de Bob, Leonardo, Mariana e Roberta.

> MARIANA (BG)
> ...sua piranha de boteco...

A novela não lhe chama mais a atenção. Jonas passa a ler o jornal que trouxe consigo.

> JÚLIA (V.O.)
> A essa altura, a novela da vida de Jonas andava meio parada. Ele precisava de emoções fortes.

De repente, lê uma notícia na coluna *Dicas – Cinema e Celebridades*, de Nelson Moreno, e estaca.

DETALHE NO JORNAL, ONDE ESTÁ ESCRITO:
Pródiga Lila e Valtinho Menezes recepcionam, eufóricos, a filha Sandra Coias, vinda de temporada na África.

JÚLIA (V.O.)
E a complicação veio publicada na coluna do Nelson. Sandra. A grande paixão de Jonas. De volta ao Brasil.

Jonas está paralisado. A novela segue na TV.

BOB (BG)
É, meu chapa, quer ser certinho demais, é nisso que dá! Não agrada ninguém!

Jonas decide ligar para Nelson.

INT. NOITE – CASA NELSON – QUARTO
Nelson está acompanhado por Sandra, numa *sessão pipoca*, deitados na sua cama.
No som vindo do telão, ouve-se a cena da briga de Leonardo, Mariana e Roberta, sob o olhar de Bob.

(CONTINUA...)
...CONTINUANDO:
63.

MARIANA (BG)
Eu te arranco os intestinos, seu depósito...

O telefone toca e ele atende.

> NELSON
> Alô?

INT. – NOITE – CASA JONAS – SALA
Jonas afobado.

> MARIANA (BG)
> ... de esperma!

> JONAS
> Alô, Nelson?

> ROBERTA (BG)

Eu te decepo os peitos, sua virgem histérica!

> JONAS
> Sou eu, Jonas. Me dá uma informação...

INT. NOITE – CASA NELSON – QUARTO
Nelson ergue-se na cama, tentando disfarçar.

> JONAS (OFF)
> ...rápida, cara. Eu acabei de ler aqui na sua
> coluna que a Sandra voltou de Angola...

INT. NOITE – CASA JONAS – SALA
Jonas, chateado, cobra o amigo.

JONAS
...e você não me avisou nada?

INT. NOITE – CASA NELSON – QUARTO
Nelson gagueja, procurando uma desculpa.

NELSON
É, eu também só fiquei sabendo ontem,
cara.

(CONTINUA...)
...CONTINUANDO:
64.

Sandra encara Nelson, procurando entender a
conversa.

NELSON
...E a Júlia é que tinha a agenda dela. E
você também sumiu...

MARIANA (BG)
Tenta me internar, vagabunda!

Sandra pergunta por gestos a Nelson quem é.
Nelson aponta a parede vizinha. Põe no viva-voz.

INT. NOITE – CASA JONAS – SALA
Jonas se justifica, lamentando.

MARIANA (BG)
Te levo antes pro cemitério!

> JONAS
> ... você não imagina o que a Bel anda fazendo comigo cara...

> ROBERTA (BG)
> Leva nada! É você que vai pro hospício...

> NELSON (OFF)
> Sabe o que é...

INT. NOITE – CASA NELSON – QUARTO
Nelson dá a dica para Sandra.

> NELSON
> ...Jonas, eu tô meio ocupado agora...

> LEONARDO (BG)
> Me ajuda, cacilda!

> JONAS (OFF)
> ...não tá podendo falar?

Sandra faz gesto para Nelson cortar o papo.

65.

INT. NOITE – CASA JONAS – SALA
Jonas percebe que ele está com alguma garota.

> JONAS
> Você não sossega, hein, cara?!

Jonas insiste.

> JONAS
> Então me dá o telefone da Sandra,...

Jonas vai apanhar uma caneta sobre a mesa.

> JONAS
> ...que eu vou ligar para ela.

> ROBERTA (BG)
> ...enquanto eu fico dando pro seu noivinho!

INT. NOITE – CASA NELSON – QUARTO
Nelson fica contrariado. Sandra decide atender.

> SANDRA
> Jonas?

Silêncio.

INT. NOITE – CASA JONAS – SALA
Jonas percebe que Sandra está com Nelson.

> JONAS
> Sandra?

Jonas vai rapidamente até a porta contígua, para tentar ouvi-la. A tela se divide.

INT. NOITE – CASA NELSON – QUARTO / CASA JONAS – SALA

SANDRA
Oi, Jonas. Sou eu, sim...

JONAS
O que você tá fazendo aí?! Eu quero conversar com você.

SANDRA
Se você quer falar sobre reconciliação, não existe a menor possibilidade.

(CONTINUA...)
...CONTINUANDO:
66.

JONAS
O... Sandra, você terminou comigo por e-mail! Depois de quatro anos de namoro eu acho que eu tenho o direito de saber pessoalmente o que foi que aconteceu.

Nelson se diverte com a situação.

SANDRA
Se você quiser nós podemos nos encontrar na quinta-feira, ao meio-dia.

JONAS
Eu te espero aqui em casa.

> **SANDRA**
> Não. Em um local público.

A novela segue na TV.

> **LEONARDO (BG)**
> Ah, é?! Então faz o seguinte...

Jonas provocativo.

> **JONAS**
> Medo de recaída?

INT. NOITE – CASA JONAS – SALA
Na TV, Leonardo deposita Roberta no colo de Bob.

> **LEONARDO (BG)**
> Já que você quer tanto a Roberta, leva ela pra casa!

Jonas cheio de si.

> **JONAS**
> Então a gente marca naquele restaurante que você adorava. É, aquele dos momentos especiais...

INT. NOITE – CASA NELSON – QUARTO
Sandra desliga e volta-se para Nelson, sem acreditar na insistência de Jonas.

> SANDRA
> Quatro anos!!!...

67.

INT. NOITE ESCRITÓRIO DE LEONARDO
Efeito de Tela de TV... full screen.
Close em Leonardo, que dá uma banana.

INT. NOITE – CASA JONAS – SALA
Bel aproxima-se com uma pizza, sem que Jonas
a perceba chegar.

> BEL (IMITANDO A FALA DE BOB, DA NOVELA)
> Cheguei em hora errada?

Jonas assusta-se.

> JONAS
> Caramba, Bel! Você quase me matou de
> susto!

> BEL
> Eu trouxe o jantar.

Bel mostra uma pizza fumegante e tentadora
a Jonas.

> JONAS
> Belzinha, não torne as coisas mais difíceis
> do que elas são.

BEL
Bom, é melhor comer antes que esfrie.

Ela vai para a cozinha.

JONAS
Sabe por que a gente tem que terminar?

Ela se volta para ouvi-lo.

JONAS
Você é uma garota linda... Só que você quer atenção o tempo todo. Eu cansei disso. Minhas três ultimas palavras são: nosso... caso... acabou!

Bel respira fundo, sem acreditar.

68.

EXT. AMANHECER – RIO DE JANEIRO
Cenas noturnas e do amanhecer no Rio.

INT.EXT. DIA – CARRO JONAS – RUA BEL
Já é manhã. Jonas leva Bel à sua casa. Bel tem os olhos inchados de tanto chorar.

BEL
Se você se arrepender, Jonas, eu vou estar te esperando.

JONAS
Tudo bem, Bel. Se cuida. E não se esqueça que eu vou ser seu amigo para sempre.

BEL
Mais tarde eu ligo para saber como você está. E eu vou ficar com a chave da sua casa só até tirar as minhas coisas de lá. Talvez eu possa fazer um jantarzinho para nós? Para falarmos mais um pouquinho?

Bel toma seu rosto nas mãos e o beija na boca. Abre a porta do carro.

BEL
Tchau, Jonas.

JONAS
Tchau, Bel.

Bel desce do carro. Caminha olhando para trás. Antes de entrar no portão de seu prédio, ela para. Jonas a observa.

JÚLIA (V.O.)
É,... assim são os homens, Bel.

Bel fecha atrás de si o portão de grades de ferro.

>   JÚLIA (V.O.)
>   Eles morrem de medo da gente. Agora,
>   Jonas só precisaria devolver as roupas
>   dela,...

Jonas dá a partida.

69.

EXT. DIA – RUA – PASSAGEM SANTA TERESA
COM VISTA
O carro de Jonas anda rápido pela rua, em pai-
sagem cartão-postal do Rio de Janeiro.

>   JÚLIA (V.O.)
>   ...trocar a chave, mudar o número do ce-
>   lular, trocar de e-mail, sair do Facebook,
>   não ligar nunca mais.

INT. NOITE – SUÍTE DE JÚLIA
Júlia, em tom solidário e crítico.

>   JÚLIA
>   Como fez comigo. Homens!

INT. DIA – CASA JÚLIA – JARDIM
Detalhe do livro *Adultérios*, de Woody Allen.
Júlia lê, sentada no banco do jardim. Ela recebe
Gus com um sorriso, que chega muito invocado.
Ele senta-se ao lado dela.

GUS
Júlia, o tempo fechou pro meu lado.

JÚLIA
Mas você não tinha fugido ontem de noite?

GUS
Alguém contou pra Dora. Foi você, não foi?

Aponta o dedo para ela.

JÚLIA
Você tá me achando com cara do quê, maninho?

GUS
Só você sabia. Foi você.

JÚLIA
É por que alguém realmente precisa contar pra Dora! Você vai com sua cunhada pro motel ao meio-dia!

GUS
Eu confiava em você. Só em você. Agora a Dora já sabe de tudo. Valeu, maninha!

(CONTINUA...)
...CONTINUANDO:
70.

Gus sai enfurecido e Júlia fica muito perturbada. Uma animação introduz as figuras das suspeitas de Júlia: Gus, Júlia, Neto.

> JÚLIA (V.O.)
> Fiquei triste com a desconfiança do meu irmão. Se o Gu só contou para mim, e se eu contei só para o Neto... Então temos um suspeito!

EXT. DIA – FACHADA SALÃO DE BELEZA
Os letreiros da fachada do *Han's Coiffeur*.

INT. DIA – SALÃO DE BELEZA
Júlia encontra sua mãe, no SALÃO.

> JÚLIA (V.O.)
> Resolvi procurar quem entendesse meu drama.

Ela está cortando seu cabelo e o CABELEIREIRO ouve a conversa.

> JÚLIA
> É, mãe, o Neto negou tudo com aquele jeito todo calmo dele. Sabe, disse que não conhecia direito a Dora e por que iria falar qualquer coisa com ela?

MÃE DE JÚLIA
O Neto é um homem, Júlia... o que você esperava?

JÚLIA
Ele disse que não me aguenta mais, que não aguenta mais as minhas cobranças, que acha melhor acabar com tudo. Ele não sabe o que ele quer!

MÃE DE JÚLIA
Nenhum homem sabe... (Gesto teatral) *Os homens são fáceis de afastar.* (ligeira pausa) *Basta não nos aproximarmos deles.* Fernando Pessoa.

(CONTINUA...)
...CONTINUANDO:
71.

JÚLIA (REFLETINDO)
O pior, sabe mamãe? É o João. A gente tava se dando tão bem! Ele se apegando a mim...

EXT. DIA – CASA NETO – PISCINA
João ensina golpes de *kickboxing* para Júlia.

JOÃO
Esta é a *Mae Gueri*, que defende assim. Esta é a *Mawashi Gueri*, que defende assim!

As brincadeiras seguem entre os dois, fingem uma luta de verdade.

JÚLIA (V.O.)
Na verdade, eu já estava traindo Neto com outro homem, dentro da casa dele. E este outro homem era um garoto pentelho, de 10 anos.

Júlia beija João, que se livra dela.

JOÃO
Que nojo, Júlia!!

164 INT. DIA – SALÃO DE BELEZA
Júlia, no salão, ajeita o seu novo corte de cabelo.

JÚLIA
O pior é que agora eu também briguei com o Gu. Quer dizer, ele brigou comigo.

MÃE DE JÚLIA
Seu irmão precisa de um tratamento de choque – molha o dedo dele e enfia numa tomada!

JÚLIA
O... mãe!

> MÃE DE JÚLIA (CHORANDO)
> Eu sinto tanta falta daquele... desmiolado, inconsequente.

Júlia espantada com a *nova mulher.*

(CONTINUA...)
...CONTINUANDO:
72.

> MÃE DE JÚLIA
> O que foi? ...Ahh, vai, ...ficou ótimo. Já já, você se acostuma.

Júlia observa seu novo corte de cabelo, bem mais curto.

INT. NOITE – SUÍTE DE JÚLIA
Júlia ajeita-se, impacientemente, e fala.

> JÚLIA
> Acostumei com o corte de cabelo. Só não me acostumo com o desprezo dos homens. Será que um homem entende o outro?

LETREIRO: AMIGOS, AMIGOS, MULHERES À PARTE
Animação.

INT. NOITE – CASA NELSON – SALA
Jonas parece estar à procura de sinais da infidelidade do amigo. Nelson disfarça e some com vestígios da noitada.

NELSON
Encontrar a Sandra? Ué, ...não entendo
para quê? Você acaba de se livrar de um
problema... e já vai atrás de outro?

Jonas cruza o quarto para a sala.

JONAS
Não seja otimista, Nelson. Eu nem sei se
eu consegui me livrar da Bel. A qualquer
momento eu sinto que ela vai entrar aqui,
trazendo docinhos.

NELSON
É isso que não tá certo, cara! Você começa
um caso e nunca encerra. Vive acumulan-
do mal-entendidos... Que é isso?!?!

Sentam-se.

NELSON
Olha a Bel: ainda acredita que vai continuar a preparar o seu jantar pra sempre.
Já a Júlia, você achou que ela mandava
mal.

(CONTINUA...)
...CONTINUANDO:
73.

JONAS
Eu não achei. Ela mandava mal mesmo.

Nelson se levanta.

NELSON
Claro, você, certamente, sempre foi perfeito com todas elas.

JONAS
Com a Bel eu devo ter sido. A rapariga
me telefona o tempo inteiro. Diz que não
pode viver sem mim. Grande amigo você
é, hein, Nelson? Olhe a encrenca que você
me arrumou.

Nelson avança até Jonas, ficando cara a cara.

NELSON
Posso falar o que eu acho?

JONAS
Fala.

NELSON
Eu acho que você tem medo de mulher.

Jonas se levanta, irritado.

JONAS
Eu medo de mulher?! Tá bom.

Jonas procura algo na cama de Nelson, senta-se nela.

NELSON
Você não sabe como agir com elas. Principalmente se elas demonstram ter mais personalidade, mais força ou mais tesão que você. É, aí dá medo!

Ao ouvir isso, Jonas levanta-se.

JONAS
Se eu tivesse medo de mulher, cara, eu não tava namorando quatro anos com a Sandra. Dividindo tudo.

NELSON
Tem medo de mulher, sim.

(CONTINUA...)
...CONTINUANDO:
74.

JONAS
O... Nelson... não quero brigar com você, não, cara. Mas tudo bem. Eu acho muito estranho você não querer que eu fale com a Sandra. Foi muito estranho convidar a minha ex-namorada pro seu cineminha... agora me diz a verdade, você tá a fim dela, né?

Nelson tenta apaziguar.

>
> **NELSON**
> Pô, Jonas, eu sempre fui o rei da generosidade.

Jonas ri.

>
> **NELSON**
> É, eu nunca deixei de te passar uma mulher pra você... Aliás, quem passou a Bel pra você fui eu também.

Jonas encerra o assunto.

>
> **JONAS**
> Olha só... Nelson, você querendo ou não, amanhã eu vou falar com a Sandra.

Jonas sai, sem olhar para trás.

>
> **NELSON**
> Vem cá, Jonas. Oh, Jonas, vamos conversar...

Jonas bate a porta.

>
> **NELSON**
> Jonas!

>
> **JÚLIA (V.O.)**
> É, aqueles dois não estavam mais se entendendo.

EXT. DIA – LAGOA E PRAIAS DO RIO
Imagens da zona sul e das praias do Rio de Janeiro.

75.

EXT. DIA – IPANEMA – RUA
Jonas espera ansioso por Sandra, olha as horas: são 11h30min.
Tem flores na mão, que olha com ar desconfiado.

> JÚLIA (V.O.)
> Para Jonas foi pouco dispensar a Bel e brigar com o melhor amigo.

Efeito de animação envolve o rosto de Jonas e surgem na tela vários quadros com imagens indicativas da passagem de tempo da longa espera.

> JÚLIA (V.O.)
> Precisou ainda vestir o papel de galã romântico para anestesiar a dor de uma paixão perdida.

Nos quadrinhos, Jonas vai se sentar num banquinho ali perto. Olha à volta. O tempo passa. Tira a camiseta. Toma sol. O tempo passa.
Ao fundo, aproxima-se Sandra, tranquila. Jonas a percebe, a imagem segue em slow-motion. Jonas levanta-se, veste sua camiseta e vai até ela, esquecendo as flores no banco de cimento.

JONAS
Oi, Sandra.

Jonas hesita para beijá-la, já que a aba do chapéu atrapalha. Ela o beija, no rosto.

SANDRA
Oi,temos que ser rápidos, eu tenho um encontro muito melhor às duas horas.

JONAS
Boa-tarde pra você também.

Sandra não sorri. Jonas vai tentar buscar as flo-res, mas Sandra já saiu e se encaminha para o quiosque. Jonas larga as flores no banco e segue atrás dela.

EXT. DIA – ARPOADOR – QUIOSQUE
Detalhe de um coco sendo aberto. Jonas observa Sandra, de alto abaixo, ao pé do quiosque da praia. Sandra aproxima-se do balcão e recebe o coco. Jonas se arrisca.

JONAS
Malhando muito?

(CONTINUA...)
...CONTINUANDO:
76.

Sandra não responde e olha Jonas, aborrecida, vai se sentar.

À mesa, Jonas olha Sandra e toma coragem.

JONAS

Então, Sandra, o que deu errado entre nós?

SANDRA

Nada... Aliás, tudo.

Jonas fica sem entender direito.

SANDRA

O hábito acabou por substituir a vontade que tínhamos de ficar juntos. Virou um emprego. Eu achei que era nova demais para terminar assim.

JONAS

E minha dedicação de namorado exemplar e fiel? Não conta?

SANDRA

Exemplar, Jonas? Fiel? Tu achas que eu não sei da Suzana? E da tua prima? E da Ariane? E da Polly, aquela pistoleira?

JONAS (MELODRAMÁTICO)

E você, Sandra? Você acha que foi exemplar nessa história toda?

Sandra desvia o olhar, entediada. Jonas ataca.

> JONAS
> Você me traiu dentro do meu próprio computador, Sandra!

INT. NOITE – CASA JONAS – SALA
Flash back. Sandra está no computador, às escondidas, e tecla com Tobi. As mensagens vão surgindo sobrepostas à tela.
Sandra love: Oi, Tobi...vc taí, amor?
Tobi 04: Olha como eu já tô..
Sandra love: Humm

(CONTINUA...)
...CONTINUANDO:
77.

> JONAS (OFF)
> Esperei tanto tempo por esta conversa. Agora me diz, Sandra,...

EXT. DIA – ARPOADOR – QUIOSQUE
Jonas olha Sandra, surpreendido. Ela simplesmente toma a água de coco.

> JONAS
> ... o que você viu nesse cara? O que ele tem que eu não tenho? Poxa, se você pelo menos me contasse onde foi que eu errei,

quem sabe eu pudesse corrigir e a gente começasse tudo de novo?

> SANDRA
> Eu até poderia contar onde é que você errou... Mas isso não adiantaria absolutamente nada.

Sandra levanta-se. Dá um beijo no rosto de Jonas.

> SANDRA
> Estou atrasada. Tchau...

Sandra sai sem olhar para trás.

> JONAS
> Volta aqui, Sandra! ...Sandra.

Ele tenta ir atrás dela. Ela não o espera.

> JONAS
> Fala comigo, Sandra!

Jonas percebe que perdeu a parada. Desiste e retorna na direção de onde estavam. Bebe a água que sobrou do coco.

EXT. ANOITECER – RIO DE JANEIRO
Cenas ao anoitecer no skyline da zona sul, no Rio de Janeiro, em efeito *time-lapse*.

EXT. NOITE – RUA PRÉDIO DE NELSON E JONAS
Nelson e Jonas caminham na rua deserta.

(CONTINUA...)
...CONTINUANDO:
78.

> NELSON
> Eu nunca pensei que com a Bel ainda em sua casa, você fosse me cobrar de eu pegar a Sandra.

> JONAS
> Você podia ter me pedido, Nelson.

> NELSON
> É só uma sessão pipoca... só isso, ela vai embora hoje de novo. É sexo. Sem romance.

> JONAS
> Ex-mulher sempre mexe comigo, cara.

> NELSON
> É, então, eu tô liberando uma mina gira aí: a Clara.

> JONAS
> Clara? A Clara do Monstro?

> NELSON
> É isso, quer pegar?

                    JONAS
Tô dentro.

                    NELSON
Então estamos quites.

                    JONAS
Fechado. Mais uma na conta.

                    NELSON
Tá anotando?

Nelson abraça Jonas. Amigos como antes.

EXT. NOITE – SEM COMPARAÇÃO – FACHADA
Júlia está muito bem-vestida, num bar cheio, com muitos estudantes bebendo em grupo, mas também pessoas de terno e gravata. Júlia observa os estudantes. Espera alguém. Vê uma jovem (CRISTINA) bebendo. DIRCEUZINHO conversa com ela. A frequentadora do bar parece ter chorado a noite toda, assoa o nariz.

                    JÚLIA (V.O.)
Realmente é incrível a facilidade dos homens para curar suas dores com novos amores. Já eu, naquela

(MAIS...)
(CONTINUA...)

...CONTINUANDO:
79.

> JÚLIA (... CONT.)
> noite, fui me refugiar na companhia de velhos amigos.

INT. NOITE – SEM COMPARAÇÃO – MEZZANINO
Júlia está sentada numa mesa, conversando com RONNIE e PRETA. Dirceu coloca outra bebida diante de Júlia.

> JÚLIA
> Obrigada, Dirceu... (Dirceu sai) Gente, até o garçom é o mesmo do tempo da faculdade!

> PRETA
> Ai, esse cara já me colocou em muito táxi! Ai, Júlia, não dá para acreditar, uma mulher como você, solta, sem ninguém...

Júlia sorri. Preta olha-a, intrigada.

> JÚLIA
> Ai, não rola, Preta. Cada vez que a gente aprofunda uma relação romântica, vem alguma coisa e destrói tudo. Aí, cada vez a gente aprofunda menos, pra ver se dura mais, né?

Preta tenta ser compreensiva.

> PRETA
> Ai, Júlia, não fica assim... é porque você ainda não encontrou o cara. Você só fica em barca furada. Agora, se fosse eu, eu dispensava um por um desses namorados logo que visse que não ia dar em nada. Agora, eu não entendo por que você leva tanto tempo para descartar esses caras.

Ronnie interfere.

RONNIE
Mas não fala assim com ela, senão, ela chora!

JÚLIA
Eu gostava deles, Preta. Não existe uma fórmula pra gente não gostar de quem não combina com a gente. Sabe, se existisse, metade dos problemas das mulheres

(MAIS...)
(CONTINUA...)
...CONTINUANDO:
80.

JÚLIA (...CONT.)
estariam resolvidos. Mas não funciona assim. Aí, a gente acaba se acostumando, se acomodando... E a gente sabe que vai entrar numa. E entra.

A atenção de Júlia se volta para a porta. Ela vê Neto e Dora Dois (que ficou ruiva) entrando e se dirigindo ao balcão. Os dois ficam muito próximos, corpos quase colados. Júlia encolhe-se para não ser vista.

PRETA (OFF)
Que que foi, Júlia?

JÚLIA
Aquele cara. Com a ruiva.

PRETA
Que cara?

JÚLIA
Ele é o... meu... namorado..., ou era, também já não sei mais. Só sei que por essa eu não esperava.

Júlia levanta-se para sair.

RONNIE
E quem é a ruiva?

PRETA
Como assim quem é a ruiva, tá louco?

JÚLIA
Gente, disfarça. Realmente, eu não quero que ele me veja.

Preta se levanta, Ronnie a segue. Júlia vai saindo.

PRETA
Mas como assim? Você tem que ir lá, você tem que fazer um escândalo, Júlia.

JÚLIA
Prefiro falar com ele mais tarde.

Ronnie tenta beber o que sobrou no copo. Preta o puxa.

PRETA

Vem.

Os três descem em direção à saída do bar.

81.

INT. NOITE – SEM COMPARAÇÃO
Neto olha para o ambiente e vê Júlia, Preta e Ronnie descendo as escadas para saírem do bar. Tenta disfarçar o susto.

JÚLIA (V.O.)
Não tive dúvidas. O imbecil tentou disfarçar, mas eram ele e a Dora Dois. Que trapaceira! De peruca ruiva, mas ainda era a Dora Dois.

EXT. NOITE – SEM COMPARAÇÃO
Júlia e amigos saem discretamente, sem notar que Jonas está ao lado de Cristina.
Júlia, Ronnie e Preta conversam e dirigem-se ao bar vizinho.

PRETA
Ah, se fosse comigo. Eu matava o Ronnie aqui mesmo.

RONNIE

Matava o Ronnie por quê? O que que eu fiz?

PRETA

Antes que você pense em fazer qualquer coisa.

JÚLIA

Não estou acreditando. Neto e Dora Dois

PRETA

Dora Dois?

JÚLIA

A lambisgoia ruiva. Não interessa! Eu preciso encher a cara!

Júlia se adianta.

INT. NOITE – BAR DITO & FEITO
Entram no Bar e Boate Dito & Feito. Júlia e Ronnie se divertem. Preta, nem tanto.

(CONTINUA...)
...CONTINUANDO:
82.

JÚLIA (V.O.)

Segurei a onda para poder curtir o resto da noite. Meu remédio era a diversão.

JÚLIA (BG)
...e eu pensando que ele tava falando do diploma.

RONNIE
Todas as mulheres caíram nessa piada essa noite! Pensavam no meu diploma e viam meu canudo!

PRETA (INVOCADA)
Engraçado.

RONNIE
Mas era só uma brincadeira.

JÚLIA
Tava todo mundo bêbado!

Preta para.

PRETA
Então, você ficou com a Júlia?

JÚLIA
Quê?!

PRETA
Ué, pra mim tá tudo muito claro. Quando você mostrou o canudo para todo mundo, você acabou ficando com a Júlia?

Momento constrangedor de silêncio entre os três. Ronnie fica ruborizado.

RONNIE
Todo mundo pegava todo mundo naquela época...

PRETA
Ai, não tô acreditando nisso.

Sem falar mais nada, Preta se solta e sai. Ronnie se apressa, enquanto Júlia sobe a escada.

RONNIE
Júlia, depois eu te ligo, queria falar com você.

Ronnie parte. Júlia estranha o comentário.

(CONTINUA...)
...CONTINUANDO:
83.

JÚLIA (V.O.)
Tudo conspirava contra a minha noite. Mas eu tinha demorado tanto para sair de casa que decidi não desistir.

Júlia nota o som vindo do andar de cima e sobe. A câmera corrige e enquadra Nelson chegando. Nelson, ao pé da escada, liga no celular.

EXT. NOITE – SEM COMPARAÇÃO
Jonas atende ao telefonema de Nelson.

CRISTINA (CHORANDO)
Eu fui tão burra, mas tão burra...

JONAS (JONAS PARA CRISTINA)
Só um pouquinho...

INT. NOITE – BAR DITO & FEITO

NELSON
Oi, Jonas?

EXT. NOITE – SEM COMPARAÇÃO

JONAS
Fala Nelson.

INT. NOITE – BAR DITO & FEITO

NELSON
Onde é que você tá?

EXT. NOITE – SEM COMPARAÇÃO

JONAS
Não, eu tô aqui ao lado, no Sem Comparação.

NELSON (OFF)
Tô aqui na boate...

84.

INT. NOITE – BAR DITO & FEITO

> NELSON
> ...vem logo.

EXT. NOITE – SEM COMPARAÇÃO

> JONAS
> Tá bom, eu te encontro aí.

Jonas desliga e volta-se para Cristina.

> JONAS
> Onde é que você tava, mesmo?

INT. NOITE – DITO & FEITO
Detalhe das cordas do violoncelo. Um grupo toca uma canção minimalista.
Júlia tira o casaco e olha o ambiente.
Nelson sobe pela mesma escada onde Júlia subiu.
Júlia é chamada por dois bailarinos para uma performance.

> JÚLIA (V.O.)
> Eu tinha que tirar férias do espírito de coitadinha. Precisava brilhar na noite que, afinal, era minha.

Júlia entra na dança (coreografia *à la Funny Face*).

Nelson chega no andar superior e vê Júlia sendo conduzida pelos bailarinos. Fica a observá-la, com crescente encantamento pelo talento que ela revela na performance.
Trocam olhares sensuais. Ele, surpreso. Ela, muito à vontade.

EXT. NOITE – SEM COMPARAÇÃO
Cristina ainda monopoliza a atenção de Jonas.

           CRISTINA
Então, sabe o que eu fiz? Eu me magoei de propósito, eu fiz tudo errado, não fui uma pessoa sensata...

Jonas se despede de Cristina.

(CONTINUA...)
...CONTINUANDO:
85.

> JONAS
> Eu tenho que ir amiga... tchau.

> CRISTINA
> Já vai? Mas eu nem terminei ainda...

Dirceu chega com outra garrafa de cerveja. Cristina aproveita sua presença.

> CRISTINA (FALA PARA DIRCEU)
> ...que bom que você chegou.

INT. NOITE – DITO & FEITO
Nelson observa Júlia, embevecido com seu charme. Ao final da dança, Júlia vem até onde ele está. Todos a aplaudem.

> JÚLIA
> Nelson, mas que surpresa, você por aqui?

Nelson sorri. Jonas chega e também se surpreende com Nelson e Júlia juntos. Avalia as intenções do amigo.

> JONAS
> Júlia?

JÚLIA
Jonas? (para Nelson) Vocês combinaram?

Nelson e Jonas respondem ao mesmo tempo.

NELSON
Sim.

JONAS
Não.

Jonas fica contrariado. Júlia estranha. Nelson se adianta.

NELSON
Eu não sabia que você era assim.

JÚLIA
Assim como?

NELSON
Tão talentosa.

Júlia faz charme e provoca Jonas.

(CONTINUA...)
...CONTINUANDO:
86.

JÚLIA
Você nunca disse nada pra ele, Jonas?

Situação embaraçosa para Jonas, que tenta se livrar.

JONAS
Você cortou o cabelo? Está mais linda.

JÚLIA
Obrigada.

Nelson avança.

NELSON
Você veio de carro? Posso voltar com você?

Jonas fica sem ação, abestalhado.

JÚLIA (OFF)
Claro, pode sim.

Nelson conduz Júlia para o lado do palco onde estão os músicos.

JÚLIA (V.O.)
Eu adoraria que Jonas tivesse dito: cuidado com esse cara, Júlia, você pode se machucar.

Nelson cochicha algo e eles começam a tocar uma música especial.

JÚLIA (V.O.)
Seria um bom sinal de ciúmes. E talvez a noite acabasse de outra maneira.

Jonas percebe que a parada está ganha por Nelson. Fica cabisbaixo, enciumado, a um canto.

JÚLIA (V.O.)
Mas Jonas não disse nada.

EXT. NOITE – SEM COMPARAÇÃO
Jonas tem algumas bebidas à frente e fala com o garçom Dirceu. À mesa, Cristina adormecida. Dirceu anda para trás e para a frente, ocupado a servir os últimos clientes.

(CONTINUA...)
...CONTINUANDO:
87.

JONAS
É,... se não fosse a Sandra ter me trocado por um angolano, eu hoje não estaria aqui, sozinho.

CRISTINA
Sozinho...

Jonas continua a falar para Cristina, adormecida.

JONAS
Eu seria um cara casado. Talvez até com filhos. Dois, um casal.

Volta Dirceu e começa a encher a bandeja de copos de cerveja.

DIRCEU
Eu lembro da Sandra, sim, uma loira... bonita, não era?

JONAS
Morena e alta, e portuguesa.

DIRCEU
Ah...

Dirceu faz um gesto de benzedeira à testa de Cristina, totalmente embriagada.

INT. NOITE – FACHADA NELSON – CARRO JÚLIA
A música segue a tocar no carro. O carro estacionado, Nelson convida Júlia.

NELSON
Quer dar uma subida, Júlia?

JÚLIA
Ah, Nelson, foi tudo ótimo, mas, eu não posso.

NELSON
Como não pode? É claro que pode. A gente faz o seguinte, eu te levo pra casa

na hora que você falar *me leva pra casa?*...
aí, eu te levo.

> JÚLIA
Será?

> NELSON
É, claro, juro. Só tomar um cafezinho pra
clarear as ideias.

Júlia fica pensativa.

88.

INT. NOITE – CASA NELSON – QUARTO
Júlia e Nelson entram e se atracam.

> JÚLIA (V.O.)
Assim que aquela barba roçou na minha
pele minhas ideias escureceram de vez.

> JÚLIA
Tira a minha roupa.

Nelson começa a tirar as peças. Beijam-se.

> JÚLIA (V.O.)
Eu sabia que Nelson era um galinhão,
mulherengo, machista, pegador e incon-
sequente. Tudo o que eu mais precisava
naquela noite.

Júlia deitada. Nelson a beija, sensualmente, terminando de despi-la.

EXT. NOITE – SEM COMPARAÇÃO
PASSAGEM DE TEMPO
INSERT: DETALHE DAS BOLACHAS DE CHOPE, COM UM CÍRCULO
VICIOSO (COMO NO FILME *FARRAPO HUMANO*).
Dirceu tenta acordar Cristina.

>DIRCEU
>Cristina, oh, Cristina, vamos, acorda Cristina, vamos..

Jonas o chama.

> JONAS
> Vam´bora, Dirceu.

> DIRCEU
> Peraí...

Dirceu faz um gesto para Jonas esperar.

> JONAS
> Tá na hora.

> DIRCEU (FALA PARA JONAS)
> Peraí.. (volta a tentar acordar Cristina)

(CONTINUA...)
...CONTINUANDO:
89.
> Oh, Cristina, oh, Cristina, Cristina!

> JONAS
> Deixa ela pra lá, vam´bora, vamos. Embora. ´Bora, senão o ônibus passa e a gente perde o lance.

Dirceu vai embora com Jonas e deixam a mulher na mesa, roncando.

INT. NOITE – CASA NELSON – QUARTO
Nelson e Júlia na cama. Ela sorrindo.

JÚLIA (V.O.)
A partir daquela noite, através de Nelson, eu fiquei sabendo de cada detalhe do que tinha acontecido com o Jonas na minha ausência.

EXT. NOITE – PRÉDIO JONAS E NELSON – FACHADA
Jonas chega de táxi e nota o carro de Júlia estacionado diante da casa de Neto. Na janela uma placa diz: ocupado. Ele fica chateado.

INT. NOITE – CASA NELSON – QUARTO
Júlia e Nelson na cama. Ela sorri.

INT. NOITE – CASA JONAS – QUARTO
Jonas aborrecido ouve Nelson e Júlia através das paredes.

INT. NOITE – CASA NELSON – QUARTO
Júlia e Nelson na cama. Ela rindo, ele a acaricia.

>JÚLIA (OFF)
>Homens, bem estimulados, se revelam excelentes fofoqueiros.

90.

INT. NOITE – CASA JONAS – QUARTO
Jonas, desolado, ouve Júlia e Nelson.

> JÚLIA (V.O.)
> Ainda naquela noite, eu e Nelson ouvimos Jonas ligar, carente como um cachorrinho abandonado, para a única mulher que aguentaria, na boa...

Jonas se deita.

INT. NOITE – CASA NELSON – QUARTO
Júlia e Nelson na cama.

> JÚLIA (V.O.)
> ...um telefonema no meio da madrugada.

INT. NOITE – CASA JONAS – QUARTO
Jonas dormindo. Bel chega e se acomoda na cama. Apaga a luz. Beija Jonas e se deita ao lado dele.

EXT. DIA – PRÉDIO JONAS E NELSON – FACHADA
Efeito *time-lapse*. O dia amanhece com o sol batendo na fachada do prédio das Casas Casadas.

INT. AMANHECER – CASA JONAS – QUARTO
Bel dorme. Ouve-se Júlia e Nelson rindo e conversando.

> JÚLIA (OFF)
> Nelson, para... ai, Nelson, ai...

Jonas acorda mal-humorado.

PASSAGEM DE TEMPO.

INT. DIA – CASA JONAS – QUARTO
Jonas chuta uma bola com força contra a porta
que divide seu apartamento com o de Nelson.
Bel surge do banheiro e vem até a cozinha tomar
um copo de água. Ela o interrompe:

(CONTINUA...)
...CONTINUANDO:
91.

BEL
Jonas!...Jonas Pires!

Jonas para de chutar a bola e a encara.

BEL
Eu quero que você me peça em namoro.

JONAS

Que é isso, Belzinha. Eu acho que a gente pode ficar assim, enquanto eu não
descobrir o que fazer da minha vida. E
isso é bom para você Bel, que gosta de
mim,... (vira-se para a porta divisória)
...como ninguém que eu possa me lem-
brar neste momento.

BEL
Peça, Jonas. Peça. (dengosa) Eu acho tão bonito.

Jonas solta a bola, derrotado.

JONAS
Tá bom, Miudona, você quer ser a minha namorada?

Bel sorri e salta imediatamente para o colo de Jonas.

BEL
Puxa, Jonas, eu sonhei com isso!

Bel corre e pula de cavalinho em Jonas, começa a beijá-lo, montagem em *jump-cuts*. Ouvem-se as buzinadas do padeiro.
Jonas liberta-se.

JONAS
Desce, desce, miúda..., que o pão nosso já chegou...

Jonas caminha para fora, Bel comemora.

BEL
Yes!

Dando pulinhos, Bel comemora. Vai até a geladeira e beija a foto de Jonas.

92.

EXT. DIA – PRÉDIO JONAS E NELSON – FACHADA
Júlia desce as escadas da casa de Nelson de óculos
escuros. Jonas está comprando pão. Ele a nota
e se aproxima.

JONAS
Júlia, Júlia, Júlia! Oh, Júlia!...

Júlia olha para Jonas. Ele estranha.

JONAS
Acorda, tá tudo bem?

Júlia responde.

JÚLIA
Eu não dormi ainda, Jonas.

JONAS
Eu que o diga, Júlia, eu que o diga.

Júlia não diz nada. Jonas a olha.

JÚLIA (V.O.)
Eu tinha tomado minha decisão. Jonas a
dele. Por que ele insistiu em me chamar?

JONAS
Eu te chamei umas quatro vezes, antes
de você me ouvir.

JÚLIA
Eu estava distraída.

JONAS
Você e Nelson, hein. Quem diria!

JÚLIA
Seu melhor amigo e sua ex-amiga.

JONAS
Você não é minha ex-amiga. E eu continuo sendo seu amigo, só não entendo por que a gente se afastou.

JÚLIA
Eu tentei perguntar, mas você nunca atendeu o telefone.

JONAS
Júlia, Júlia, volta aqui! A gente precisa conversar, Júlia. Eu,... Júlia!

(CONTINUA...)
...CONTINUANDO:
93.

JÚLIA (V.O.)
Àquela altura do campeonato não tinha o menor sentido continuar atolada na confusão mental de Jonas. Ele que seguisse o seu caminho.

Júlia se apressa a entrar em seu carro. Jonas suspira. Bel acena pela janela. Jonas volta para casa. Canção romântica se inicia.

JÚLIA (V.O.)
Um ponto final era a melhor opção para aquela história de quase-amor.

EXT. ANOITECER – RIO DE JANEIRO
Efeito *time-lapse*. Paisagem do Rio de Janeiro, ao anoitecer: a enseada de Botafogo, vista da Urca.
PASSAGEM DE TEMPO

INT. NOITE – SUÍTE DE JÚLIA
Júlia está emocionada. Seus olhos marejam. Triste, sem palavras. Segue canção romântica.
LETREIRO: BEM PIOR É CHORAR SEPARADOS
Animação. Final da canção.

INT. DIA – L´AGENCE – ESCRITÓRIO JÚLIA
Júlia prepara-se para sair. Está de bolsa na mão. Nelson se aproxima dela.

NELSON
Estava pensando se a gente...

Toca o telefone. Júlia faz um sinal para Nelson esperar.

JÚLIA
Alô? (Feliz) Não acredito... Gu?! É você, mano?!

NELSON (INTERROMPENDO JÚLIA)
Eu ia te convidar pra almoçar...

(CONTINUA...)
...CONTINUANDO:
94.

JÚLIA (PARA NELSON)
Meu irmão, não vejo há séculos. (ao celular) ...sim, sim, vamos nos encontrar já! No lugar de sempre?

Júlia sorri. Desliga.

NELSON
... Nos vemos à noite, então?

JÚLIA
Ok.

Nelson a beija e se afasta. Vendo Júlia sair, Neto chama Júlia, saindo de sua mesa.

NETO
Júlia, Júlia, Júlia... (alcançando-a, ri sem graça) ...Como tá difícil falar com você.

JÚLIA
Só quando eu não quero falar, Neto.

NETO
Posso saber qual é o problema?

Júlia fala alto. Algumas pessoas olham para Júlia e Neto.

JÚLIA
Pode, se primeiro você me contar o que estava fazendo em um bar de estudantes com a ex-mulher do meu irmão?

Tensão. Neto olha Júlia e tenta detê-la. As pessoas olham para os dois.

NETO
Júlia, Júlia... Isso não é o lugar para a gente conversar sobre isso.

Neto então lhe entrega um convite para o lançamento de seu livro.

NETO
Olha, este é o seu convite para hoje.

Ela pega e sai, brava com Neto. Ele fica sem jeito. Cida e o Office Boy notam o incidente.

95.

EXT. DIA – QUADRA DE TÊNIS
Gus e Júlia, sentados no terraço da quadra, tomam um suco. Gus revela.

GUS

A Cora me dispensou, três horas atrás!

JÚLIA

E esse seu caso durou o quê? Uns dois meses?

GUS

Não, calma, não exagera. Não chegou a tanto. Acho que vou tentar a Dora Dois de novo.

JÚLIA

Ihh, desiste. Ela agora está saindo com o Neto. E agora a gente já sabe, né? Quem contou para a Dora Dois sobre Cora.

GUS

O Neto?! O Neto?! Mas... que coisa feia!

JÚLIA

Não!!! Feio foi você botar a culpa em mim! E agora a Dora Dois pintou o cabelo de vermelho-vergonha e está andando por aí de collant. Está absolutamente ridícula!

Os irmãos dão risada da situação. Gus beija a mão da irmã.

GUS
Maninha... desculpa minha desconfiança? Desculpa, desculpa! A minha vida fica bem pior sem você ao meu lado, você sabe disso!

Júlia é carinhosa.

JÚLIA

Amanhã é seu aniversário! Preciso comprar seu presente.

GUS
Não, não. Não quero presente. Quero uma festa. Pra esquecer a Dora... e a Cora! Uma feijoada!

(CONTINUA...)
...CONTINUANDO:
96.

JÚLIA
Posso levar o Nelson?

GUS
Não esquece aquela pimenta, hein?!

JÚLIA
Mamãe vai, né?

GUS
Mamãe vai?! Você está viajando? Voltou com o Dr. Sheldrake.

JÚLIA
E eu, pra variar, sou a última a ficar sabendo!

JÚLIA (V.O.)
Na novela da minha vida, eu sempre ficava com o papel da mocinha ingênua, aquela que se surpreendia com qualquer revelação mais chocante.

INT. NOITE – LIVRARIA
Cartazes anunciam a tarde de autógrafos do livro infantil de Neto.
Júlia e Neto conversam num canto.

JÚLIA
Prostitutas também?

NETO
É, vale tudo, né. É um vício.

JÚLIA
Vício é um pouco de exagero, Neto. Acho que é sem-vergonhice mesmo.

NETO

É vício, eu te garanto... Já tentei até aju-
da tipo sexólatras anônimos, mas nunca
consegui. É como droga, só que é bom.

Uma criancinha, retrato da inocência, pede autógrafo para Neto. Ele sorri e atende e ela sai para
mostrar para a mãe. Neto não consegue escon-
der muito o interesse pela mãe. Júlia permanece
meio paralisada.

(CONTINUA...)
...CONTINUANDO:
97.

JÚLIA

E como você convive com isso?

NETO

Transar com consentimento de adultas
não é crime, né? Isso eu faço a qualquer
hora, entre pagar uma conta e tomar um
cafezinho. Entre sair do escritório e... te
encontrar num restaurante.

JÚLIA

Eu vim aqui achando que eu ia ouvir você
dizer que você e Dora eram bons amigos,
mas isso? Eu não sei mais nem no que
acreditar. E aquela história que você me

contou no início que um namorada sua tinha te largado por uma outra mulher...

NETO

Mentira. Eu tenho várias dessas histórias para contar conforme o caso. O importante é chegar onde eu quero.

Júlia está de boca aberta. Entrega a Neto o livrinho para ele assinar. *A Zebrinha Que Queria Ser Colorida*. Tem uma capa com uma zebra listrada de rosa, verde-limão e laranja.

NETO

Júlia... Eu preciso encontrar alguém para me curar. Eu sei que vou conseguir.

Neto assina o livro de Júlia.

JÚLIA

Vou sentir falta do João.

NETO

Ele também vai sentir sua falta. E você, como fica? Eu me preocupo...

JÚLIA (COM ESCÁRNIO)

Se preocupa? Não precisa. Eu encontrei alguém, e acho que ele vai cuidar muito bem de mim

NETO

Quem é?

Pausa.

(CONTINUA...)
...CONTINUANDO:
98.

JÚLIA

O Nelson.

Neto fica surpreso.

NETO

Não posso acreditar.

JÚLIA

A gente se entendeu muito bem...

Neto arrisca, mas pode estar brincando apenas.

NETO

O Nelson?!... Isso não vai dar certo.

JÚLIA

Não vem com praga!

NETO

Não é praga. Algo me diz. Intuição.

Devolve o livro autografado para Júlia.

NETO
E quando vocês terminarem, eu vou estar
aqui te esperando.

JÚLIA
Bom, Neto, a gente continua se falando.
Nem que seja porque a gente trabalha
junto.

Neto percebe que Júlia está magoada.

NETO
Não trabalhamos mais, Júlia. Eu recebi
uma, uma ligação de uma grande editora.
Eles estavam precisando de um jornalista.
O diretor insistiu que fosse eu e... acabei
aceitando.

Júlia baixa a cabeça, chateada. Mas reergue, com
um sorriso triste.

JÚLIA
Fico feliz, Neto. Você escreve bem demais
pra ser assessor de imprensa.

Júlia se levanta e sai. Ao fundo vê-se uma pessoa
se aproximar de Neto, usando a máscara de zebrinha. É Cida, que vem pegar o seu autógrafo
com Neto.

(CONTINUA...)
...CONTINUANDO:
99.

> CIDA
> Surpresa.

Júlia abre na primeira página e lê duas dedicatórias, a primeira impressa e a outra à mão.

> NETO (V.O.)
> Para o João, que trouxe a cor para a minha vida. E para a Júlia, que levou a cor embora. Júlia fica com lágrimas nos olhos.

EXT. NOITE – PRÉDIO JONAS E NELSON
Jonas entra com o caixote de coisas que trouxe da empresa. Vê Júlia, que volta da livraria. Sorri e se aproxima.

> JONAS
> Eu disse que nos encontraríamos de novo, Júlia.

Júlia para de subir e volta-se para Jonas, sorri.

> JÚLIA (V.O.)
> Foi então que eu tive uma ideia diabólica: colocar mais um doce na frente daquela criança!

JÚLIA
Você tem compromisso amanhã?

Jonas estranha, mas sorri.

INT. NOITE – CASA JONAS – SALA
Bel está com uma camisola do *Benfica*, esticada na poltrona. Ouve-se um jogo de futebol na TV. O clima entre os dois não é bom. Jonas comenta da outra poltrona.

JONAS
Nós fomos convidados para uma festa amanhã. O aniversário do irmão da Júlia.

BEL
Sei!... Eu na casa do irmão dessa perua atrapalhada do shopping? Não, não! Mas não mesmo, Jonas!

Bel fica mais irritada.

(CONTINUA...)
...CONTINUANDO:
100.

JONAS (OFF)
Oh, miúda!...

Jonas insiste.

                        JONAS
...É importante eu estar no aniversário do
irmão de Júlia.

                          BEL
Essa Júlia é apaixonada por você!

                        JONAS
Essa Júlia é namorada do Nelson, meu melhor amigo. E ela não quer nada comigo.

                          BEL
Se não quer, já quis.

                        JONAS
Não inventa, Belzinha... Você é oficial-
mente minha namorada, agora. E namoradas vão às festas com os namorados. Eu
pego você no trabalho.

                          BEL
E eu pego você de jeito se você ousar
arrastar asa pra cima desta...

Jonas olha para ela, vitorioso. Ela procura a palavra.

                          BEL
...perua!

LETREIRO: A FESTA NUNCA TERMINA

Animação. Ouve-se a voz de Júlia.

JÚLIA (OFF)
Gu!

EXT. DIA – CASA MÃE DE JÚLIA – ENTRADA
Júlia puxa Nelson pela mão. Gus vem ao encontro do grupo para as apresentações. Estão ali Ronnie e Preta, com os filhos.

JÚLIA
Gu, este é o Nelson, Nelson, Gu!

Nelson e Gus se cumprimentam.

(CONTINUA...)
...CONTINUANDO:
101.

JÚLIA
Você lembra do Ronnie?...

RONNIE
Prazer, parabéns!

JÚLIA
E esta é a Preta...

PRETA
Parabéns.

Gus beija Preta.

NELSON
Meus parabéns!

GUS
Obrigado! E parabéns pra você por ter conseguido conquistar o coração dessa daqui que não é fácil...

JÚLIA
Gus!... Para, assim eu fico roxa de vergonha!

Todos falam ao mesmo tempo. Gus chama todos.

GUS
Aí, vamos entrar, venham aqui!!

JÚLIA (V.O.)
(...) Eu amava o meu irmão de verdade e ele não tinha a menor ideia do presente que ia ganhar

O grupo segue Gus e entra na casa.

EXT. DIA – CASA MÃE DE JÚLIA – FACHADA – RUA
Jonas e Bel chegam e estacionam. Bel traz um bolo de presente. Jonas disfarça sua ansiedade.

JÚLIA (V.O.)
Se a confusão não chegasse até Jonas, Jonas chamava a confusão. A porta se abre, eles entram.

102.

EXT.INT. DIA – CASA JÚLIA – VARANDA – JARDIM
Júlia traz o prato de Nelson à mesa.

> JÚLIA (V.O.)
> Meu plano era infalível.

Eles se beijam... apaixonados.

> JÚLIA (V.O.)
> Nelson nem se tocou. E eu segurei a onda
> no meu papel de mocinha segura e bem-
> amada.

Jonas se aproxima e senta-se à mesa deles, sem
ser chamado.

> JONAS
> Quando vocês pararem com essa beijação
> toda, eu queria contar uma coisa que
> aconteceu na minha vida.

> NELSON
> Oh, Jonas, eu acho que você já bebeu
> demais, não é?

Nelson toma o copo de caipirinha da mão dele.
Ele pega de volta.

> JONAS
> Que é isso? Me deixa, cara!

Jonas interpela Júlia, agressivo.

> **JONAS**
> Tá feliz?

> **JÚLIA**
> Você é inconveniente como sempre, né?

> **JONAS**
> Você acha?

Bel chega e praticamente censura Jonas.

> **BEL**
> Oh, Jonas, ainda agora chegamos e já está
> arrumando confusão, é?

> **JONAS**
> Confusão, Bel?

Jonas se levanta da mesa.

(CONTINUA...)
...CONTINUANDO:
103.

> **JONAS**
> Você está vendo alguma confusão aqui,
> é? Aí, quer saber? Eu já estou cheio desse
> seu controle. Pra mim chega. Dá um tem-
> po. Jonas sai de cena rapidinho.

> **BEL**
> Jonas!

Bel, decepcionada, faz beicinho. Jonas sai com raiva e caminha pela lateral da casa.

> **BEL (BAIXINHO)**
> Jonas... ai, não faz isso comigo de novo...

Júlia olha Jonas e comenta.

> **JÚLIA**
> Eu conheço a fera. Ia ser mais cedo ou mais tarde mesmo. (olha para Bel) Melhor é você partir pra outra imediatamente.

INSERT:
Jonas caminha na lateral, sozinho e muito nervoso. Volta para a VARANDA. Bel está aflita; Gus a consola.

> **BEL (PARA JÚLIA)**
> Ah, você não conhece.

> **JÚLIA (ENGASGA UMA GARGALHADA)**
> Eu não conheço o Jonas?! Pergunta aqui pro Nelson.

> **NELSON**
> É! Ela é vacinada em pé na bunda do Jonas.

INSERT:
Jonas se afasta pela lateral da casa, cheio de rancor.
Na VARANDA, Júlia instiga Bel.

> JÚLIA
> O que você precisa entender, Bel, é que não adianta gostar do Jonas. É inútil!

(CONTINUA...)
...CONTINUANDO:
104.

Bel está triste; Gus permanece ao seu lado, solidário e atencioso.

> JÚLIA
> Ele tem um gatilho na cabeça dele. Basta ele começar a gostar de uma mulher o gatilho dispara e ele arranja outra.

Gus a convida a sair dali.

> GUS
> Vamos comer?

Bel segue Gus.

EXT.INT. DIA – CASA DA MÃE DE JÚLIA – VARANDA
Jonas, na varanda principal, curte um momento de fossa.

EXT.INT. DIA – CASA JÚLIA – VARANDA – JARDIM
PASSAGEM DE TEMPO
Detalhe do bolo de Bel. Ela serve, com alegria,
uma enorme fatia a Gus.

> BEL
> Humm, aqui está...

> GUS
> Uaauu..

> BEL
> ...Fui eu que fiz. Espero que goste.

Júlia, alegre, sociável. Olha com alegria para o
seu irmão e Bel.

> JÚLIA (V.O.)
> E, assim, tudo funcionou com perfeição.
> Solucionei os problemas dos três ao mes-
> mo tempo.

Júlia beija Nelson na boca; ele é carinhoso com ela.

> JÚLIA (V.O.)
> Decidi baixar as minhas expectativas.
> Resolvi que ia ser feliz com o Nelson...
> enquanto desse.

Bel e Gus, felizes, brindam com caipirinhas.

(CONTINUA...)
...CONTINUANDO:
105.

                    BEL
    À sua...

                    GUS
    À nossa.

Bel está satisfeita.

EXT. INT. DIA – CASA MÃE DE JÚLIA – VARANDA
Jonas chuta a parede.

                JÚLIA (V.O.)
    Jonas chutava a parede porque não con-
    seguia chutar seu próprio traseiro. Estava
    completamente perdido.

Bel procura Jonas e o encontra em um canto.

                    BEL
    Eu vou para a minha casa, Jonas.

                   JONAS
    O que aconteceu?

                    BEL
    Encontrei um cara que me trata como se
    não fosse um favor ficar comigo. E é isso
    que eu preciso.

JONAS
É o irmão de Júlia?

BEL
Como é que você sabe?

JONAS
Então eu trato você como se fosse um favor?

BEL
É, na verdade, Jonas, eu sempre soube que você estava comigo para evitar a solidão. É, mas, no fundo, no fundo, eu também só estava com você para não ficar sozinha. Se não fosse isso eu nunca teria voltado, depois de você ter me mandado embora tantas vezes. Mas é chato ficar sozinha, Jonas! Mas agora acabou. Que alívio, não? A Belzinha saindo da sua vida. Eu vou, vou tentar com outro. Quem sabe o Gus?

106.

Bel, docemente, toca o rosto dele e se afasta de Jonas.

EXT. DIA – CASA MÃE DE JÚLIA
Jonas, mais uma vez sozinho, caminha na fachada da rua da da casa da mãe de Júlia. Entra no carro, parado no mesmo local.

JÚLIA (V.O.)
Missão cumprida. Lá estava Jonas só, desprezado, chutado, desagradando todo mundo. Ele ia refletir bem melhor quando se curasse daquela ressaca.

Jonas arranca com seu carro.

EXT. ANOITECER – RIO DE JANEIRO
Efeito *time-lapse*: o anoitecer no centro do Rio de Janeiro.
FADE OUT

INT. NOITE – SALA DE MARIANA
A novela *Vidas Sem Rumo*, em *full screen*.
Detalhe de um lustre, onde Mariana encontra uma garrafinha de uísque escondida. Ela interpela a irmã.

MARIANA
Você... voltou a beber?

ROBERTA
Voltei, sim, e daí, sua estúpida?

MARIANA
Você faz um transplante de fígado, volta a beber e eu é que sou estúpida?! Estúpida, pois sim!

INT. NOITE – CASA DE JONAS – SALA
Jonas, imerso na escuridão, tem seu rosto iluminado pela tela da TV. Assiste à novela.

ROBERTA (OFF)
Eu estou me divertindo. Você fica trancada nessa casa esperando o...

107.

INT. NOITE – SALA DE MARIANA
Roberta provoca Mariana.

ROBERTA
...noivinho que nunca volta...

MARIANA
Leonardo está trabalhando!

ROBERTA
Leonardo estava no bar bebendo comigo!

MARIANA
Mentira!

ROBERTA
Verdade! Ele me levou no bar. E me agarrou na frente de todo mundo!

MARIANA
Não!! Leonardo não faria isso.

> ROBERTA
> Maninha, homens bêbados são mais sinceros!

INT. NOITE – CASA DE JONAS – QUARTO
Jonas, deitado, lê um livro. Ouve-se som da novela na TV, ainda ligada.

> ROBERTA (OFF)
> Entre um chupão e outro Leonardo me confessou: ele está farto de você!

Jonas põe o livro de lado; prepara-se para dormir.

> MARIANA (OFF)
> Não, não... isso é mentira!

INT. NOITE – SALA DE MARIANA
Roberta mostra a perna para Mariana.

> ROBERTA
> Quer que eu te mostre a marca da mordida?

(CONTINUA...)
...CONTINUANDO:
108.

> MARIANA
> Não! Nada vai me separar de Leonardo! Nada!!

Acordes dramáticos. Roberta ri, com ares de vilã, enquanto Mariana chora compulsivamente.

DIA – PRÉDIO JONAS E NELSON – FACHADA
O dia amanhece. Jonas sai à porta, espreguiçando-se. Nota que, ao lado, Júlia sai da casa de Nelson. Jonas a nota saindo e a chama.

> JONAS
Júlia!

Júlia olha para Jonas. Para.

> JONAS
Bom-dia.

> JÚLIA
Bom-dia.

Jonas, bastante constrangido, fala.

> JONAS
Eu fui um babaca na festa do teu irmão.

> JÚLIA
Eu percebi.

> JONAS
Bateu ciúme.

> JÚLIA
A essa altura do campeonato?

JONAS
Pois é!... Dá pra acreditar?

JÚLIA
Dá.

Júlia desce as escadas. Jonas fica apreensivo.

JONAS
Júlia, não fica com raiva de mim.

Ela se detém outra vez.

(CONTINUA...)
...CONTINUANDO:
109.

JÚLIA
Já passei do estágio de raiva, Jonas. Tudo de bom pra você.

Júlia afasta-se.

JONAS
Júlia!

Jonas sai atrás dela, desce correndo pelas escadas de sua casa.

JONAS (OFF)
Júlia!...

Jonas aproxima-se da grade e fala através dela.

> JONAS (OFF)
> Júlia!...

Ela se volta para ouvi-lo.

> JONAS
> Eu quero te dizer que,... eu sei que eu tenho esse problema que você conhece. Mas o problema não é você, nem é a Bel. O problema sou eu mesmo. Quando eu começo a gostar de alguém de verdade, eu travo. Eu quero te dizer que você é,

e sempre foi, a número um pra mim. A melhor de todas. A minha inspiradora. (põe a mão sobre a mão de Júlia) Se eu tive perto de amar alguém de verdade, eu quero que saiba que foi você. É você quem eu tenho nos meus pensamentos. (retira a mão) Pronto, falei.

Por um momento parece que Júlia vai saltar no pescoço de Jonas por causa da declaração. Mas em silêncio ela reflete por um segundo e esfria. Ela sai em direção à rua; Jonas a acompanha através da grade.

JÚLIA (V.O.)
Não custava manter Jonas como uma reserva sentimental. Talvez eu nunca conseguisse fazer uma retirada total. Mas é sempre bom ter uma poupança afetiva para as emergências.

(CONTINUA...)
...CONTINUANDO:
110.

Jonas a intercepta ao chegar ao portão. Júlia volta a encarar Jonas.

JONAS
Amigos?

JÚLIA
Isso a gente nunca deixou de ser.

Júlia olha para a expressão de cachorrinho abandonado de Jonas. Ela o beija no rosto. Jonas respira fundo e levanta a cabeça. Júlia segue para o seu carro. Ainda sorri.

JÚLIA (V.O.)
Não sei até quando fico com o Nelson. Por via das dúvidas, vou tirar aquele ponto final da minha história com o Jonas. Na verdade é que ninguém sabe o que ainda pode acontecer.

FADE OUT
LETREIRO FINAL
FADE IN
Animação:

Enquanto não superarmos a ânsia do amor sem limites, não poderemos crescer emocionalmente. Enquanto não atravessarmos a dor de nossa própria solidão, continuaremos a nos buscar em outras metades. Para viver a dois, antes, é necessário ser um.

Fernando Pessoa

Entram os créditos finais.

FIM

Ficha Técnica

Elenco
Júlia – Kiara Sasso
Jonas – Márcio Kieling
Gus – Kayky Brito
Neto – Carlos Casagrande
Bel – Cláudia Vieira (Portugal)
Nelson – Jorge Corrula (Portugal)
Sandra – Sandra Cóias (Portugal)
Mãe de Júlia e Gus – Silvia Salgado
Clara – Babi Xavier
Rosemary – Giselle Tigre
Mariana (Vidas Sem Rumo) – Tatih Köhler
Roberta (Vidas Sem Rumo) – Mariana Hein
Leonardo (Vidas Sem Rumo) – Raul Veiga
Bob (Vidas Sem Rumo) – Jules Vandystadt
Locutor (Vidas Sem Rumo) – Christian Gomes
Dora Um – Fiorella Mattheis
Dora Dois – Michelle Batista
Cora – Giselle Batista
Cida – Deborah Wood
Clarice – Ana Luisa Leite
Diretor L´Agence – Abidon Kaifatch
Boy – Jefferson Brasil
Motorista – Wanderson Brasil
João – Lorenzo de Luca Silveira
Dudu – Pedro Rezende Pinto e Silva
Baby Sitter – Laila Vils

Cristina – Karina Marthin
Dirceuzinho – Márcio Vito
Preta – Kacau Gomes
Ronnie – Rico Mansur
Músicos Casamento – Marcelo Bafica, Clovis Dyer
e André Fioroti
Amigo Gus – Cris Penna
Auxiliar Dentista – Sabrine Vin
Segurança Shopping – Rafael Rodrigues
Músicos Dito & Feito – Estevão Casé, Eduardo
Manso, Bruno di Lullo e Rafael Rocha
Bailarinos Dito & Feito – Rodrigo Vicente e Carlos Leça
Participação Afetiva (Amores de Júlia) – Aline
Abovsky, Fábio Neppo, Gerson Steves, Marco
Furlan, Rodolfo Valente, Tadeu Pinheiro e Thiago Catelani
Modelos – L`Agence Rio – Ana Terra, Ana Cláudia
Guerra, André Munhoz, Camile Stevanato, David
Junior, Elaine Albano, Felipe Stavale, Gabriel
Coimbra, Joana Mavignier, Larissa Lazaretti,
Leandro Willer, Nanda Andrade, Remo Rocha,
Sabrine Vin, Vitor Alves

Equipe Técnica

Portugal
Argumento – Patrícia Müller
Produtores – Pandora da Cunha Telles e António
da Cunha Telles

Desenvolvimento – Pedro Morais
Assistente de Realização – Nuno Diogo
Diretor de Fotografia – Luis Branquinho, A.I.P.
Misturas – Branko Neskov, C.A.S.
Coordenadora Pós-Produção – Andreia Nunes
Técnico de Pós-Produção – Fernando Soares
Contabilidade Final – Clara Martins
Produtora Portugal – FF Filmes Fundo
Estúdio Misturas – Obviosom

Apoio Financeiro
Ministério da Cultura
ICA – Instituto de Cinema e Audiovisual

Brasil
Argumento – Cláudia Tajes e Dagomir Marquezi
Roteiro Final – Dagomir Marquezi e Ricardo Pinto e Silva
Figurinos – Maitê Chasseraux
Direção de Arte – Fabiana Egrejas e Ana Paula Cardoso
Videografismo – Michele Andrade
Som Direto – Toninho Muricy e Nonô Coelho
Edição de Som – Adriano Nascimento
Montagem – Célia Freitas
Música – André Moraes
Produção Executiva – Emiliano Ribeiro e Ricardo Pinto e Silva
Produtores Associados – Suzana Bourg e Naymar Infraestrutura Audiovisual
Produção e Direção – Ricardo Pinto e Silva

Supervisora de Pós-Produção Digital – Célia Freitas
Arte e Programação Visual – Michele Andrade
Abertura – Michele Andrade & Rudá Pim
Diretor Assistente – Ricardo Favilla
Coreografia – Gabriel Malo
Consultoria Tecnológica – Daniel Leite
Consultoria à Produção – Sandra Helena Pedroso
Assistentes de Direção – Cláudia Pinheiros e Bruno Duarte Gonçalves
2ª Assistente Direção – Sara Pinto Soares e Laila Vils
3º Assistente de Direção Estagiário – Marc Doyle Aymonin
Continuístas – Renata Neves Alves e Daya Gibeli
Estagiária Continuidade – Helena Guilyn
Produção Executiva 1ª Fase – Alvarina Souza e Silva
Direção de Produção – Tito Ameijeiras
Assistentes do Produtor – Camilla Bianchi e Ieda Rozenfeld
Platô – Paula Camila Oliveira e Markão
Assistente de Platô – Jean Nunes
1ᵒˢ Assistentes de Produção – Flora Sorrilha Marques e Ellen Dias
2ᵒˢ Assistentes de Produção – Andrea Doyle Aymonin e Gustavo Ferreira de Jesus
2º Assistente de Produção Adicional – Paula Furtado
Assistente Produção Locação – Jorge Cabral
Produção de Elenco – Paulo Letier
Estagiária de Produção – Elza Maria de Souza Albuquerque

Operadores de Câmera Marcos Avellar e Luis Branquinho, A.I.P.

Fotografia Adicional e Câmera Marco Romiti

1os Assistentes de Câmera – Eduardo Goldenstein, Alexandre Dantas, Cristiano Conceição e Breno Cunha

2os Assistentes de Câmera – Alice Flaksman, Pedro Sotero e Miguel Lindenberg

Assist. de Câmera Novela Vidas Sem Rumo – Paulo Vasconcelos

Vídeo Assist – Bacco de Andrade e José Eduardo Limongi

Loggers – Miguel Lindenberg e Douglas Zeurgo

Still – Estevam Avellar

Administração e Controle – Sandra Helena Pedroso

Auxiliar Administrativo – Madê Barreto

Auditoria e Prestação de Contas – Riocap Consultoria e Auditoria, Alvenir Coimbra, Zélia Balbina

Auxiliar Administrativo – Júlio César Ribeiro Gusmão

Contabilidade – Sanville Contabilidade, Flávio Santos Vilarino, José Vieira Rufino e Eliane Vieira Paz de Oliveira

Assessoria Jurídica – Mello dos Santos Advogados Associados, Osenir B. C. Mello dos Santos, Maria Ângela Moura Ituassú, Antônio José Assunção Moreira e Maria da Conceição Vaz Madureira

Microfonistas – Marcelo Noronha, Edil Júnior, Wilson F. de Azevedo e Laura Zimmerman

Assistentes de Som – Cristiano Braga e Cláudio Vitor Chaves
Eletricista Chefe – Hélio Xerém
Eletricistas – Geraldo do Nascimento Ferreira (Dininho) e Leonardo
Eletricista Chefe Pré-Light – Luiz Xerém
Eletricistas Adicionais – Leonardo Carlos Ferraz de Oliveira E Hugo
Maquinista Chefe – Júlio da Hora
Maquinista – José Harley Sabino
Assistente de Maquinista – Marcelo Monteiro de Souza
Ajudante Maquinária Bruno
Maquinistas Adicionais – Alexander Bugaloo e Luiz Xerém
Assistentes de Maquinista Adicionais – Waldir e Assis
Figurinista Adicional – Carol Terrav Canela
Assistentes De Figurino – Mariah Falcão e Majori Souza de Lima
Camareira – Maria Helena Ferreira
Maquiagem – Luis Camargo e Luis Gaya
Assistente Maquiagem – Jaldete Vieira da Silva
Cabeleireira – Cecília Lindoso
Visagismo Personagem Júlia – Beto Carramanhos
Tatuagens – Silvio RC
Produtoras de Arte e Objetos – Isabel Noronha E Andréa Meireles
Assistente de Direção de Arte – Vanessa Lopes

Estagiárias de Arte – Paula Jardim e Luana Morizot
Contrarregras – André Tatto e Wallace Daniel dos Reis
Contrarregras Assistentes – Marcelo Lima, Carlinhos e Rafael
Construção Cenário – Ribalta Teatro Cinema e TV, Adílio Athos E Humberto Silva
Aderecista – Rosito
Doces Artísticos e Bolo Casamento – Doçuras da Sônia
Doces Portugueses – Lola Diana e Gila
Bonecos Decorativos para Bolos – Valéria Designers
Fotografias Casa Nelson – Guilherme Rodrigues e Raul Mourão
Fotografia Novela Vidas Sem Rumo – Chico Lima
Fotografias Babi Xavier – Luiz Carlos Lhacer
Fotografias Sandra Cóias – Pedro Ferreira
Fotografias Cláudia Vieira – Mario Principe
Pinturas Casa Júlia – Ronald, Cesar Migliorin
Pinturas Casa Jonas – Geraldo, Ana Rondon
Pinturas Casa Neto – Ronald

Apoio à Produção
Alimentação Filmagens – Sergipe Alimentação
Alimentação Pré-Produção – Lúcia Gomes da Silva
Alimentação Pós-Produção – Valdenira Marques
Auxiliar Serviços Gerais – Jairo
Limpeza – Walter
Operação Tráfego – Paulo Vasconcelos e Zagalo
Segurança – AJTB e Segurança Patrimonial (Brito)

Figuração – Veray Produções Artísticas
Seguros – Generali Brasil Seguros, Apoio Corretora de Seguros
Caminhões – Brasil Cine Transportes e Naymar Infraestrutura Audiovisual
Motoristas – Canela, Cleber Lucas Sá, Djavan, Eduardo Passos da Silva, Genilson Adolfo Lins Patrício, Jaider Salges, Julio, Luiz Antônio Pereira, Luiz Carlos, Luizão, Paulo Castro de Andrade, Evandro, Jorge de Souza Salles, Manoel, Marco Antônio Reis, Miguel, Paulo Eduardo Bernardes De Oliveira, Paulo José Cardoso dos Santos (Juca), Rosângela Fernandes Lopes, Sergio, Valcir e Widemillson Arthur B. Finizotto Jr.

Pós-Produção
Pós-Produção de Imagem – Estúdios Mega
Gerente Geral – Eron Cardoso
Atendimento – Tony Viegas
Supervisor de Pós-Produção – Leonardo Moraes
Coordenação Operacional – Bruno Cysne
Pauta – Beth Carvalho
Adaptação e Up Converter – Junior Laks e Renzo Machado
Operador de Final Cut – Thiago Pinto
Scratch / Edição Online – André Pantoja
Colorista – Hebert Marmo
Assistente de Correção de Cor – Moacyr Paganotti
Central Técnica – Maykon Mello

Print Master – Gustavo Loureiro
Laboratório De Imagem – Megacolor
Supervisão Geral – David Trejo
Gerente de Atendimento – Silvia Levy
Assistente de Atendimento – Regiane Cruz e Cláudia Anaya Reis
Supervisão de Revelação – Jony H. H. Sugo
Supervisão de Transfer Tape To Film – Joaquim R. Santana
Assistente de Transfer Tape To Film – Reginaldo Veloso
Coordenação de Produção – Jony H. H. Sugo
Montagem – Paulo Ferreira e Wanderlei Gomes da Cruz
Operador de Color Analyser – Nório Oshikawa
Pré-Edição Novela *Vidas Sem Rumo* – Tainá Diniz
Ordenação Material 1ª Etapa – Pedro Rossi
Pré-Edição 1ª Etapa – Silvio Arnaut
Assistente de Pré-Edição 1ª Etapa – Clarisse Hammerli
Copista de Diálogos – Christina Jardim
Gravação e Edição de Foley – Adriano Nascimento, Fábio Del Mazza e Simon Abbud
Artistas de Foley – Adriano Nascimento, Fábio Del Mazza, Simon Abbud e Júlia Ximenes
Edição de Som, Gravação e Folley – Noyzy Estúdios
Dublagem – Alcateia Estúdios
Pré-Mixagens Ambientes, Efeitos e Ruídos de Sala – JLS Facilidades Sonoras **e** José Luiz Sasso

Consultor Dolby – Carlos B. Klachquin, ABC
Transfer de Som Dolby Digital – Cinecolor do Brasil

Música
Trilha Sonora Original, Produção Musical e Arranjos – André Moraes
Guitarras, Baixos, Teclados e Bateria –
Técnico de Gravação, Edição e Mixagem – Adriano Nascimento
Gravado e Mixado no Estúdio – Noyzy Estúdios

Canções
Navegador de Estrelas
(Wilson Simoninha, Jair Oliveira)
Sony / Sdesamba

Garota do Cinema
(Simão Abbud)
Gentilmente cedido por Simão Abud

Les Couleurs De Juour
(Etinus 4)
Gentilmente cedido por Etinus 4

O Caminho
(Papai Elefante)
Gentilmente cedido por Papai Elefante

Infelizmente
(Rabotnik)
Gentilmente cedido por Rabotnik

Temporal
(Pitty)
Deckdisk

O Homem de Gelo
(Wilson Simoninha, Leléo)
Sony / Sdesamba

Eu, Você
(Jair Oliveira)

Todos os direitos reservados aos seus autores

Agradecimentos Especiais
Adenilson Muri Cunha, Aline Abovsky, Aluísio Ribeiro de Lima, Ariadne Mazzeti, Bemvindo Sequeira, Berta Loram, Bia Feres, Branca Feres, Carla Daniel, Catarina Moura, Celina Azevedo, Claudia Wildberger, Cristina de Luca Silveira, Deisi Maria de Almeida Brandão, Denise Miller, Dercy Gonçalves (In Memoriam), Edna Fuji, Eduardo Luiz Pinto e Silva, Eliane Siqueira Sasso, Ernesto Scatena, Eugênio Mariotto Neto, Fabio Neppo, Gerson Steves, Gianne Albertoni, Gustavo Menezes, Iafa Britz, Jal Guerreiro, João Campos, Karen Ewel, Kátia Coelho, Larissa Resende, Leonardo Puppin, Lourival Prudêncio, Lúcia Riff, Luiz Claudio Sardenberg, Luiz Fernando Noel, Maria João Almeida Bruno, Joseph Brito, Mallu Moraes, Maria Celeste Freitas, Márcio Teriya Rebelo, Marco Furlan, Marcos Montenegro, Maurício Pinto e Silva, Mel Nunes, Míriam Biderman, Nilza Perez

de Rezende, Otávio Pinto e Silva, Pedro Queirolo, Ricardo Reis, Rico Mansur, Roberta Malta Saldanha, Rodolfo Valente, Rodrigo de Albuquerque Camargo, Rogério Nacacche, Ronaldo Câmara, Sandra Brito, Sandra Mattheis, Simone Teles, Silvia Levy, Silvia Rabello, Tadeu Pinheiro, Thiago Catelani, Vera Scatena, Walkíria Barbosa, Equipes de Funcionários Estudios Mega e Megacolor.

Agradecimentos
Arte
Desenha Soluções e Projetos, Firstcom, Futton Company, Imaginarium, Jorge Zahar Editor, Latoog, Spyci, Velha Bahia, Leonarto Lattavo, Lúcia Bernadete, Mariana Zahar, Ricardo Perroni, Rodrigo Perroni e Sonia Azeredo

Figurinos
Aquamar, Arezzo, Ateliê Real, Base, Blue Man, Camisaria Colombo, Chicletaria, Chilli Beans, CNS, Damyller, Doct, Donna D, Dudalina, Enfim, Enfim Teen, Equus, Guess, Individual, Lança Perfume, Melissa, Miss & Misses, Otavio Giora, Peach, Puma, Reebok, Saad, Upper, Agência Cartaz, Água Doce, Amíssima, Anéis De Saturno, Aproach Assessoria, Art Craft, Assessoria Conceitual, Assessoria Officecomm, Bill, Bizzarre, Ciabata, Colci, Constança Basto, Eastpack, Ellus 2nd Floor, Farm, Fernanda Chies, Fruit De La Passion, HD Press, Holofote Assessoria, Iluminada Cario-

ca, Jô Motta, José Queiroga, Juliana Jabour, Ki Korpo, Lethicia Bronstein, Lez a Lez, Lunetterie, Malagueta, Missbella, Mitty, Mônica Simões Comunicações, Morana, Nutrisport, Ometz, Press a Porter Assessoria, Prisma 7, Sacada, Santa Lolla, Smart Bag, Umen, Uza e Vip Assessoria.

Locações
Bar Dito e Feito, By The Beach, Comando Militar Praia Vermelha (Pista Claudio Coutinho), Condomínio Cittá América, Clínica Odontológica Dr. Marcos Teixeira, Daniel Leite, Espaço Rio Carioca, Hans Coiffeur, L´Agence Rio, Museu da Chácara do Céu, Suprefeitura do Centro e Centro Histórico – Rio de Janeiro (Praça Paris, Arco do Teles, Santa Tereza), Subprefeitura da Zona Sul – Rio de Janeiro (Botafogo, Ipanema, Laranjeiras), Restaurante Hide Away, Riofilme Distribuidora S.A., Roberto Ferraz (Quadra de Tênis), Solar de Santa Teresa e The Line.

Produção
CET Rio, Labocine, Link Digital, Elite Lisbon, Maria João De Almeida Bruno, L'agence Talents Lisboa, Tiago Marcos, Vanessa Carmo, Sonia Rodrigues, L´Agence Rio, Helio Passos, Raquel Oliveira, Abidon Kaifathc, Riofilme Commission, Antônio Urano, Stefanie Chopart Streit, Rio Film Commission, Secretaria de Cultura do Estado de São Paulo, Secretário de Estado Dr. João Sayad, Unidade de

Fomento e Difusão de Produção Cultural (Ufdpc), Coordenador Sr. André Sturm, Programa de Ação Cultural, Tatiana Duarte, Kênia Maciel Tomac, Unibanco Arteplex E Rio de Janeiro.

Equipamentos
Iluminação / Gerador – Naymar Infraestrutura Audiovisual
Iluminação Adicional – Moviecenter, Quanta e Maico Luz
Câmeras, Adaptadores e Lentes – JKL Digital e Full Digital
Dolly Phanter – Fábrica Brasileira de Imagens
Final Cut Pro – Célia Freitas

Captação de Recursos
Veredas Comunicação e Arte Ltda. – Ricardo Pinto e Silva
Coordenador Distribuição Certificados Audiovisual – Banco Brj S/A
Assessoria – Arcoly Serviços Culturais e Desportivos Ltda.
Regina Werner – Verônica Monteiro
Consultoria de Marketing – Mídia 1 Comunicação e Antônio Jorge Alaby Pinheiro
Programação Visual Projeto Marketing – Alan Campos
Apoio Produção Comercial – Aluísio Ribeiro de Lima, Rico Mansur, Multisolution

Product Placement
Cervejaria Petrópolis

Apoio Cultural
Estúdios Quanta, L´Agence Rio e Dolby Digital
em Salas Equipadas

Patrocínio e Apoio
Sabesp, Programa de Fomento ao Cinema Paulista 2007-2009 – Governodo Estado de São Paulo, Petrobras, Programa Petrobras Cultural 2005 e Programa de Ação Cultural 2008 – Governo do Estado de São Paulo

www.dores&amores.blogspot.com

Copyright FF Filmes Fundo / Veredas Comunicação e Arte Ltda. 2010

Índice

Apresentação – José Serra	5
Coleção Aplauso – Hubert Alquéres	7
Reformando Meia Casa – Dagomir Marquezi	11
Adaptando o Livro – Patrícia Müller	17
Meu próximo filme – Ricardo Pinto e Silva	19
Dores & Amores	35
Ficha Técnica	237

Crédito das Fotografias

Ricardo Pinto e Silva 23, 25 (sup.), 26, 67, 73
Demais fotografias Estevam Avellar

A despeito dos esforços de pesquisa empreendidos pela Editora para identificar a autoria das fotos expostas nesta obra, parte delas não é de autoria conhecida de seus organizadores.
Agradecemos o envio ou comunicação de toda informação relativa à autoria e/ou a outros dados que porventura estejam incompletos, para que sejam devidamente creditados.

Coleção Aplauso

Série Cinema Brasil

Alain Fresnot – Um Cineasta sem Alma
Alain Fresnot

Agostinho Martins Pereira – Um Idealista
Máximo Barro

Alfredo Sternheim – Um Insólito Destino
Alfredo Sternheim

O Ano em Que Meus Pais Saíram de Férias
Roteiro de Cláudio Galperin, Bráulio Mantovani, Anna Muylaert
e Cao Hamburger

Anselmo Duarte – O Homem da Palma de Ouro
Luiz Carlos Merten

Antonio Carlos da Fontoura – Espelho da Alma
Rodrigo Murat

Ary Fernandes – Sua Fascinante História
Antônio Leão da Silva Neto

O Bandido da Luz Vermelha
Roteiro de Rogério Sganzerla

Batismo de Sangue
Roteiro de Dani Patarra e Helvécio Ratton

Bens Confiscados
Roteiro comentado pelos seus autores Daniel Chaia e Carlos
Reichenbach

Braz Chediak – Fragmentos de uma Vida
Sérgio Rodrigo Reis

Cabra-Cega
Roteiro de Di Moretti, comentado por Toni Venturi e Ricardo
Kauffman

O Caçador de Diamantes
Roteiro de Vittorio Capellaro, comentado por Máximo Barro

Carlos Coimbra – Um Homem Raro
Luiz Carlos Merten

Carlos Reichenbach – O Cinema Como Razão de Viver
Marcelo Lyra

A Cartomante
Roteiro comentado por seu autor Wagner de Assis

Casa de Meninas
Romance original e roteiro de Inácio Araújo

O Caso dos Irmãos Naves
Roteiro de Jean-Claude Bernardet e Luis Sérgio Person

O Céu de Suely
Roteiro de Karim Aïnouz, Felipe Bragança e Maurício Zacharias

Chega de Saudade
Roteiro de Luiz Bolognesi

Cidade dos Homens
Roteiro de Elena Soárez

Como Fazer um Filme de Amor
Roteiro escrito e comentado por Luiz Moura e José
Roberto Torero

O Contador de Histórias
Roteiro de Luiz Villaça, Mariana Veríssimo, Maurício Arruda e
José Roberto Torero

**Críticas de B.J. Duarte – Paixão, Polêmica e
Generosidade**
Luiz Antonio Souza Lima de Macedo

Críticas de Edmar Pereira – Razão e Sensibilidade
Org. Luiz Carlos Merten

Críticas de Jairo Ferreira – Críticas de invenção:
Os Anos do São Paulo Shimbun
Org. Alessandro Gamo

Críticas de Luiz Geraldo de Miranda Leão –
Analisando Cinema: Críticas de LG
Org. Aurora Miranda Leão

Críticas de Ruben Biáfora – A Coragem de Ser
Org. Carlos M. Motta e José Júlio Spiewak

De Passagem
Roteiro de Cláudio Yosida e Direção de Ricardo Elias

Desmundo
Roteiro de Alain Fresnot, Anna Muylaert e Sabina Anzuategui

Djalma Limongi Batista – Livre Pensador
Marcel Nadale

Dogma Feijoada: O Cinema Negro Brasileiro
Jeferson De

Dois Córregos
Roteiro de Carlos Reichenbach

A Dona da História
Roteiro de João Falcão, João Emanuel Carneiro e Daniel Filho

Os 12 Trabalhos
Roteiro de Cláudio Yosida e Ricardo Elias

Estômago
Roteiro de Lusa Silvestre, Marcos Jorge e Cláudia da Natividade

Feliz Natal
Roteiro de Selton Mello e Marcelo Vindicatto

Fernando Meirelles – Biografia Prematura
Maria do Rosário Caetano

Fim da Linha
Roteiro de Gustavo Steinberg e Guilherme Werneck; Storyboards de Fábio Moon e Gabriel Bá

Fome de Bola – Cinema e Futebol no Brasil
Luiz Zanin Oricchio

Francisco Ramalho Jr. – Éramos Apenas Paulistas
Celso Sabadin

Geraldo Moraes – O Cineasta do Interior
Klecius Henrique

Guilherme de Almeida Prado – Um Cineasta Cinéfilo
Luiz Zanin Oricchio

Helvécio Ratton – O Cinema Além das Montanhas
Pablo Villaça

O Homem que Virou Suco
Roteiro de João Batista de Andrade, organização de Ariane Abdallah e Newton Cannito

Ivan Cardoso – O Mestre do Terrir
Remier

João Batista de Andrade – Alguma Solidão e Muitas Histórias
Maria do Rosário Caetano

Jorge Bodanzky – O Homem com a Câmera
Carlos Alberto Mattos

José Antonio Garcia – Em Busca da Alma Feminina
Marcel Nadale

José Carlos Burle – Drama na Chanchada
Máximo Barro

Liberdade de Imprensa – O Cinema de Intervenção
Renata Fortes e João Batista de Andrade

Luiz Carlos Lacerda – Prazer & Cinema
Alfredo Sternheim

Maurice Capovilla – A Imagem Crítica
Carlos Alberto Mattos

Mauro Alice – Um Operário do Filme
Sheila Schvarzman

Máximo Barro – Talento e Altruísmo
Alfredo Sternheim

Miguel Borges – Um Lobisomem Sai da Sombra
Antônio Leão da Silva Neto

Não por Acaso
Roteiro de Philippe Barcinski, Fabiana Werneck Barcinski
e Eugênio Puppo

Narradores de Javé
Roteiro de Eliane Caffé e Luís Alberto de Abreu

Olhos Azuis
Argumento de José Joffily e Jorge Duran
Roteiro de Jorge Duran e Melanie Dimantas

Onde Andará Dulce Veiga
Roteiro de Guilherme de Almeida Prado

Orlando Senna – O Homem da Montanha
Hermes Leal

Pedro Jorge de Castro – O Calor da Tela
Rogério Menezes

Quanto Vale ou É por Quilo
Roteiro de Eduardo Benaim, Newton Cannito e Sergio Bianchi

Ricardo Pinto e Silva – Rir ou Chorar
Rodrigo Capella

Rodolfo Nanni – Um Realizador Persistente
Neusa Barbosa

Salve Geral
Roteiro de Sergio Rezende e Patrícia Andrade

O Signo da Cidade
Roteiro de Bruna Lombardi

Ugo Giorgetti – O Sonho Intacto
Rosane Pavam

Viva-Voz
Roteiro de Márcio Alemão

Vladimir Carvalho – Pedras na Lua e Pelejas no Planalto
Carlos Alberto Mattos

Vlado – 30 Anos Depois
Roteiro de João Batista de Andrade

Zuzu Angel
Roteiro de Marcos Bernstein e Sergio Rezende

Série Cinema

Bastidores – Um Outro Lado do Cinema
Elaine Guerini

Série Ciência & Tecnologia

Cinema Digital – Um Novo Começo?
Luiz Gonzaga Assis de Luca

A Hora do Cinema Digital – Democratização e Globalização do Audiovisual
Luiz Gonzaga Assis De Luca

Série Crônicas

Crônicas de Maria Lúcia Dahl – O Quebra-cabeças
Maria Lúcia Dahl

Série Dança

Rodrigo Pederneiras e o Grupo Corpo – Dança Universal
Sérgio Rodrigo Reis

Série Música

Maestro Diogo Pacheco – Um Maestro para Todos
Alfredo Sternheim

Rogério Duprat – Ecletismo Musical
Máximo Barro

Sérgio Ricardo – Canto Vadio
Eliana Pace

Wagner Tiso – Som, Imagem, Ação
Beatriz Coelho Silva

Série Teatro Brasil

Alcides Nogueira – Alma de Cetim
Tuna Dwek

Antenor Pimenta – Circo e Poesia
Danielle Pimenta

Cia de Teatro Os Satyros – Um Palco Visceral
Alberto Guzik

Críticas de Clóvis Garcia – A Crítica Como Ofício
Org. Carmelinda Guimarães

Críticas de Maria Lucia Candeias – Duas Tábuas e Uma Paixão
Org. José Simões de Almeida Júnior

Federico Garcia Lorca – Pequeno Poema Infinito
Antonio Gilberto e José Mauro Brant

Ilo Krugli – Poesia Rasgada
Ieda de Abreu

João Bethencourt – O Locatário da Comédia
Rodrigo Murat

José Renato – Energia Eterna
Hersch Basbaum

Leilah Assumpção – A Consciência da Mulher
Eliana Pace

Luís Alberto de Abreu – Até a Última Sílaba
Adélia Nicolete

Maurice Vaneau – Artista Múltiplo
Leila Corrêa

Renata Palottini – Cumprimenta e Pede Passagem
Rita Ribeiro Guimarães

Teatro Brasileiro de Comédia – Eu Vivi o TBC
Nydia Licia

O Teatro de Abílio Pereira de Almeida
Abílio Pereira de Almeida

O Teatro de Aimar Labaki
Aimar Labaki

O Teatro de Alberto Guzik
Alberto Guzik

O Teatro de Antonio Rocco
Antonio Rocco

O Teatro de Cordel de Chico de Assis
Chico de Assis

O Teatro de Emílio Boechat
Emílio Boechat

O Teatro de Germano Pereira – Reescrevendo Clássicos
Germano Pereira

O Teatro de José Saffioti Filho
José Saffioti Filho

O Teatro de Alcides Nogueira – Trilogia: Ópera Joyce – Gertrude Stein, Alice Toklas & Pablo Picasso – Pólvora e Poesia
Alcides Nogueira

O Teatro de Ivam Cabral – Quatro textos para um teatro veloz: Faz de Conta que tem Sol lá Fora – Os Cantos de Maldoror – De Profundis – A Herança do Teatro
Ivam Cabral

O Teatro de Noemi Marinho: Fulaninha e Dona Coisa, Homeless, Cor de Chá, Plantonista Vilma
Noemi Marinho

Teatro de Revista em São Paulo – De Pernas para o Ar
Neyde Veneziano

O Teatro de Samir Yazbek: A Entrevista – O Fingidor – A Terra Prometida
Samir Yazbek

O Teatro de Sérgio Roveri
Sérgio Roveri

Teresa Aguiar e o Grupo Rotunda – Quatro Décadas em Cena
Ariane Porto

Série Perfil

Analy Alvarez – De Corpo e Alma
Nicolau Radamés Creti

Aracy Balabanian – Nunca Fui Anjo
Tania Carvalho

Arllete Montenegro – Fé, Amor e Emoção
Alfredo Sternheim

Ary Fontoura – Entre Rios e Janeiros
Rogério Menezes

Berta Zemel – A Alma das Pedras
Rodrigo Antunes Corrêa

Bete Mendes – O Cão e a Rosa
Rogério Menezes

Betty Faria – Rebelde por Natureza
Tania Carvalho

Carla Camurati – Luz Natural
Carlos Alberto Mattos

Cecil Thiré – Mestre do seu Ofício
Tania Carvalho

Celso Nunes – Sem Amarras
Eliana Rocha

Cleyde Yaconis – Dama Discreta
Vilmar Ledesma

David Cardoso – Persistência e Paixão
Alfredo Sternheim

Débora Duarte – Filha da Televisão
Laura Malin

Denise Del Vecchio – Memórias da Lua
Tuna Dwek

Elisabeth Hartmann – A Sarah dos Pampas
Reinaldo Braga

Emiliano Queiroz – Na Sobremesa da Vida
Maria Leticia

Emilio Di Biasi – O Tempo e a Vida de um Aprendiz
Erika Riedel

Etty Fraser – Virada Pra Lua
Vilmar Ledesma

Ewerton de Castro – Minha Vida na Arte: Memória e Poética
Reni Cardoso

Fernanda Montenegro – A Defesa do Mistério
Neusa Barbosa

Fernando Peixoto – Em Cena Aberta
Marília Balbi

Geórgia Gomide – Uma Atriz Brasileira
Eliana Pace

Gianfrancesco Guarnieri – Um Grito Solto no Ar
Sérgio Roveri

Glauco Mirko Laurelli – Um Artesão do Cinema
Maria Angela de Jesus

Ilka Soares – A Bela da Tela
Wagner de Assis

Irene Ravache – Caçadora de Emoções
Tania Carvalho

Irene Stefania – Arte e Psicoterapia
Germano Pereira

Isabel Ribeiro – Iluminada
Luis Sergio Lima e Silva

Isolda Cresta – Zozô Vulcão
Luis Sérgio Lima e Silva

Joana Fomm – Momento de Decisão
Vilmar Ledesma

John Herbert – Um Gentleman no Palco e na Vida
Neusa Barbosa

Jonas Bloch – O Ofício de uma Paixão
Nilu Lebert

Jorge Loredo – O Perigote do Brasil
Cláudio Fragata

José Dumont – Do Cordel às Telas
Klecius Henrique

Leonardo Villar – Garra e Paixão
Nydia Licia

Lília Cabral – Descobrindo Lília Cabral
Analu Ribeiro

Lolita Rodrigues – De Carne e Osso
Eliana Castro

Louise Cardoso – A Mulher do Barbosa
Vilmar Ledesma

Marcos Caruso – Um Obstinado
Eliana Rocha

Maria Adelaide Amaral – A Emoção Libertária
Tuna Dwek

Marisa Prado – A Estrela, O Mistério
Luiz Carlos Lisboa

Mauro Mendonça – Em Busca da Perfeição
Renato Sérgio

Miriam Mehler – Sensibilidade e Paixão
Vilmar Ledesma

Naum Alves de Souza: Imagem, Cena, Palavra
Alberto Guzik

Nicette Bruno e Paulo Goulart – Tudo em Família
Elaine Guerrini

Nívea Maria – Uma Atriz Real
Mauro Alencar e Eliana Pace

Niza de Castro Tank – Niza, Apesar das Outras
Sara Lopes

Paulo Betti – Na Carreira de um Sonhador
Teté Ribeiro

Paulo José – Memórias Substantivas
Tania Carvalho

*Paulo Hesse – A Vida Fez de Mim um Livro
e Eu Não Sei Ler*
Eliana Pace

Pedro Paulo Rangel – O Samba e o Fado
Tania Carvalho

Regina Braga – Talento é um Aprendizado
Marta Góes

Reginaldo Faria – O Solo de Um Inquieto
Wagner de Assis

Renata Fronzi – Chorar de Rir
Wagner de Assis

Renato Borghi – Borghi em Revista
Élcio Nogueira Seixas

Renato Consorte – Contestador por Índole
Eliana Pace

Rolando Boldrin – Palco Brasil
Ieda de Abreu

Rosamaria Murtinho – Simples Magia
Tania Carvalho

Rubens de Falco – Um Internacional Ator Brasileiro
Nydia Licia

Ruth de Souza – Estrela Negra
Maria Ângela de Jesus

Sérgio Hingst – Um Ator de Cinema
Máximo Barro

Sérgio Viotti – O Cavalheiro das Artes
Nilu Lebert

Silnei Siqueira – A Palavra em Cena
Ieda de Abreu

Silvio de Abreu – Um Homem de Sorte
Vilmar Ledesma

Sônia Guedes – Chá das Cinco
Adélia Nicolete

Sonia Maria Dorce – A Queridinha do meu Bairro
Sonia Maria Dorce Armonia

Sonia Oiticica – Uma Atriz Rodriguiana?
Maria Thereza Vargas

Stênio Garcia – Força da Natureza
Wagner Assis

Suely Franco – A Alegria de Representar
Alfredo Sternheim

Tatiana Belinky – ... E Quem Quiser Que Conte Outra
Sérgio Roveri

Theresa Amayo – Ficção e Realidade
Theresa Amayo

Tony Ramos – No Tempo da Delicadeza
Tania Carvalho

Umberto Magnani – Um Rio de Memórias
Adélia Nicolete

Vera Holtz – O Gosto da Vera
Analu Ribeiro

Vera Nunes – Raro Talento
Eliana Pace

Walderez de Barros – Voz e Silêncios
Rogério Menezes

Walter George Durst – Doce Guerreiro
Nilu Lebert

Zezé Motta – Muito Prazer
Rodrigo Murat

Especial

Agildo Ribeiro – O Capitão do Riso
Wagner de Assis

Av. Paulista, 900 – a História da TV Gazeta
Elmo Francfort

Beatriz Segall – Além das Aparências
Nilu Lebert

Carlos Zara – Paixão em Quatro Atos
Tania Carvalho

Célia Helena – Uma Atriz Visceral
Nydia Licia

Charles Möeller e Claudio Botelho – Os Reis dos Musicais
Tania Carvalho

Cinema da Boca – Dicionário de Diretores
Alfredo Sternheim

Dina Sfat – Retratos de uma Guerreira
Antonio Gilberto

Eva Todor – O Teatro de Minha Vida
Maria Angela de Jesus

Eva Wilma – Arte e Vida
Edla van Steen

Gloria in Excelsior – Ascensão, Apogeu e Queda do Maior Sucesso da Televisão Brasileira
Álvaro Moya

Lembranças de Hollywood
Dulce Damasceno de Britto, organizado por Alfredo Sternheim

Maria Della Costa – Seu Teatro, Sua Vida
Warde Marx

Mazzaropi – Uma Antologia de Risos
Paulo Duarte

Ney Latorraca – Uma Celebração
Tania Carvalho

Odorico Paraguaçu: O Bem-amado de Dias Gomes – História de um Personagem Larapista e Maquiavelento
José Dias

Raul Cortez – Sem Medo de se Expor
Nydia Licia

Rede Manchete – Aconteceu, Virou História
Elmo Francfort

Sérgio Cardoso – Imagens de Sua Arte
Nydia Licia

Tônia Carrero – Movida pela Paixão
Tania Carvalho

TV Tupi – Uma Linda História de Amor
Vida Alves

Victor Berbara – O Homem das Mil Faces
Tania Carvalho

Walmor Chagas – Ensaio Aberto para Um Homem Indignado
Djalma Limongi Batista

© **imprensaoficial** 2010

Dados Internacionais de Catalogação na Publicação
Biblioteca da Imprensa Oficial do Estado de São Paulo

Müller, Patricia
   Dores & amores / (Roteiro) por Patrícia Müller & Dagomir
Marquezi, Ricardo Pinto e Silva. – São Paulo : Imprensa Oficial
do Estado, 2010.
   276p. : il. – (Coleção aplauso. Série cinema Brasil/
Coordenador geral Rubens Ewald Filho)

   Adaptação dos romances Dores, amores & Assemelhados/
Claudia Tajes e Intervalo /Dagomir Marquezi.
   ISBN 978-85-7060-872-7

   1. Cinema - Roteiros 2. Cineastas - Brasil 3. Filmes
brasileiros – História e crítica 4. Dores & amores (Filme
cinematográfico) I. Marquezi, Dagomir. II. Silva, Ricardo Pinto
e. III. Ewald Filho, Rubens. IV. Título. V. Série

CDD 791.4370 98 1

Índices para catálogo sistemático:
1.Filmes cinematográficos brasileiros : Roteiros : Arte
791437 098 1

Proibida reprodução total ou parcial sem autorização
prévia do autor ou dos editores
Lei n° 9.610 de 19/02/1998

Foi feito o depósito legal
Lei n° 10.994, de 14/12/2004

Impresso no Brasil / 2010

Todos os direitos reservados.

Imprensa Oficial do Estado de São Paulo
Rua da Mooca, 1921   Mooca
03103-902 São Paulo SP
www.imprensaoficial.com.br/livraria
livros@imprensaoficial.com.br
SAC 0800 01234 01
sac@imprensaoficial.com.br

Coleção Aplauso Série Cinema Brasil

Coordenador Geral	Rubens Ewald Filho
Coordenador Operacional e Pesquisa Iconográfica	Marcelo Pestana
Projeto Gráfico	Carlos Cirne
Editor Assistente	Claudio Erlichman
Assistente	Karina Vernizzi
Editoração	Aline Navarro dos Santos
Tratamento de Imagens	José Carlos da Silva
Revisão	Dante Pascoal Corradini

Formato: 12 x 18 cm

Tipologia: Frutiger

Papel miolo: Offset LD 90 g/m^2

Papel capa: Triplex 250 g/m^2

Número de páginas: 276

Editoração, CTP, impressão e acabamento:
Imprensa Oficial do Estado de São Paulo

*Nesta edição, respeitou-se o novo
Acordo Ortográfico da Língua Portuguesa*

Coleção *Aplauso* l em todas as livrarias e no site
www.imprensaoficial.com.br/livraria

imprensaoficial